Querverlag

Uli Streib-Brzič & Stephanie Gerlach

Und was sagen die Kinder dazu?

Gespräche mit Töchtern und Söhnen lesbischer und schwuler Eltern

Website zum Buch: www.undwassagendiekinderdazu.de

© Querverlag GmbH, Berlin 2005

1. Auflage, September 2005
2. Auflage, Oktober 2006
3. Auflage, Juni 2010
4. Auflage, Oktober 2013

Alle Rechte vorbehalten. Kein Teil des Werkes darf in irgendeiner Form (durch Fotokopie, Mikrofilm oder ein anderes Verfahren) ohne schriftliche Genehmigung des Verlages reproduziert oder unter Verwendung elektronischer Systeme verarbeitet, vervielfältigt oder verbreitet werden.

Umschlag und grafische Realisierung von Sergio Vitale unter Verwendung von Fotos der InterviewpartnerInnen.
Gesamtherstellung: Finidr
ISBN 978-3-89656-119-0
Printed in the Czech Republic

Bitte fordern Sie unser Gesamtverzeichnis an:
Querverlag GmbH
Akazienstraße 25, 10823 Berlin
www.querverlag.de

Für unsere Töchter
Hanna Streib und Clara Gerlach-Stenzel

Inhaltsverzeichnis

Vorwort von Klaus Wowereit 11

Einleitung 13

Felix (12) und Antonia (10)
„Ich hab es den Erzieherinnen erzählt,
noch bevor Mama das denen gesagt hat." 17

Georg (17)
„Die hätten ja mal fragen können." 21

Melanie (19)
„Lesbischsein ist doch keine ansteckende Krankheit!" 25

Matěj (6)
„Heiraten werde ich entweder den Ruben,
den Rune oder die Maruška." 31

Jane (13) und Ariane (17)
„Ich glaube nicht, dass ein Mädchen
mit Liebeskummer zu ihrem Papa geht." 35

Jaschka (10)
„Andere Kinder würden ihre
Sachen packen und weggehen." 41

Marie (27)
„… da komme ich nach Hause
und mein eigener Vater ist schwul." 45

Manuel (11)
„Es wäre schon schön, wenn ich den kennen würde." 51

Esther (18)
„Es ist wie ein Viereck, wo eine Ecke fehlt." 55

David (16)
„Im Prinzip lebe ich zwei verschiedene Lebensweisen." 61

Till (11)
„Ich glaube nicht, dass es da eine Genverbindung gibt." 67

Maja (14)
„Dann hast du sozusagen zwei in eins." 71

Tom (9)
„Letztens habe ich eine Süßigkeitenmaschine erfunden." ... 77

Katharina (17)
„Dann hab ich sie schließlich gefragt:
‚Was ist denn mit dir los, Mutti?'" 79

Moritz (22)
„Es war so, als ob ich als Mann
automatisch die Schuld daran hätte." 85

Christian (15) und Nadine (13)
„Uns fehlt hier keine Frau!" 91

Noemi (28)
„Die fanden meine Mutter natürlich wahnsinnig toll." 97

Ajin (16)
„Ich musste erstmal begreifen,
dass es das Leben meiner Mama ist." 103

Karen (20) und Lars (21)
„Was ich am blödesten fand, war die Frage:
‚Und wie bist du dann entstanden?'" 109

Ahmed (16)
„Einmal New York sehen – mein Traum!" 115

Stephanie (19)
„Da war so viel Liebe um mich herum!" 121

Lena (9)
„Natürlich sind das meine Geschwister,
was denn sonst?" 127

Jannis (12)
„Ich bin das Beste,
was meinen Eltern passieren konnte." 131

Anna (18) und Matthias (21)
„Sie haben es uns lange nicht gesagt,
dass sie lesbisch sind, und das war gut." 137

Robin (11)
„Bei uns gibt's immer was zu feiern!" 147

Nell (9) und Mia (13)
„Eine Doppelhochzeit, das wäre schön!" 151

Jasmin (31)
„Es war schlimm für mich,
dass mich meine Mutter weggegeben hat!" 157

Carolin (14) und Paul (13)
„Ich meine, man sagt ja auch nicht ‚du Heteropferd!'" 163

Katrin (19)
„Wenn mich jemand fragt, ob meine Mutter
verheiratet ist, dann sage ich: ‚Nö, die sucht nach einer Frau.'" 169

Der wissenschaftliche Diskurs zum Thema
schwul-lesbische Elternschaft – ein Überblick 175

Literaturtipps zum Weiterlesen 183

Internet- und Beratungsadressen 186

Vorwort

Kinder brauchen Eltern, die ihr Kind achten und beachten, die es behüten, die einfach da sind, die ihnen Wärme geben und Geborgenheit. Für ein Kind, das viel Liebe erfährt, mag es daher zunächst gewiss unerheblich sein, ob die Eltern nun heterosexuell sind oder ob es etwa mit zwei Müttern aufwächst.

Leider sieht das manch Außenstehender auch heute noch anders. Schwul-lesbisches Leben ist zwar weitaus selbstverständlicher geworden als noch vor wenigen Jahren, aber über gleichgeschlechtliche Partnerschaften mit Kind gehen die Meinungen nach wie vor weit auseinander. Da werden Vorbehalte laut, da sorgt sich manch einer um die Entwicklung des Kindes, da trauen andere zum Beispiel zwei Vätern die Elternrolle nicht zu.

Wie aber gehen Kinder mit solchen Vorurteilen um? Müssen sie im Alltag Spott und Hänseleien ertragen, nur weil ihre Eltern homosexuell sind? Welche Unterstützung erhoffen sie sich von ihren Eltern?

Diesen und ähnlichen Fragen geht dieses Buch nach. Hier kommen Kinder aus Regenbogenfamilien selbst zu Wort. Sie erzählen von ihren Erfahrungen, von ihren Erwartungen an Elternhaus, Schule und das gesamte Umfeld, von ihren Hoffnungen, Träumen und Wünschen. Aufklärung und ein offensiverer Umgang mit dem Thema Homosexualität steht dabei für viele ganz oben auf der Wunschliste.

Deshalb verstehe ich dieses Buch auch als Aufruf an uns alle, für noch mehr Gleichberechtigung, Toleranz und auch Offenheit in unserer Gesellschaft zu sorgen. Ich wünsche mir ein Klima, in dem sich Kinder – egal, aus welchem Elternhaus sie nun kommen – jederzeit wohl und respektiert fühlen können und in dem es keine Rolle spielt, ob jemand schwul oder heterosexuell, katholisch oder jüdisch, türkischer oder deutscher Herkunft ist.

In diesem Sinne wünsche ich diesem Buch sehr viele Leserinnen und Leser.

Klaus Wowereit
Der regierende Bürgermeister von Berlin

Foto: Barbara Stenzel (Gerlach), Nives Brzić (Streib-Brzić)

Einleitung

„Wie kommt eigentlich deine Tochter damit zurecht, dass du mit einer Frau zusammenlebst?" „Vermissen denn Ihre beiden Kinder nicht ihre Mutter, wenn sie von zwei Vätern erzogen werden?" Fragen wie diese kennen sicher alle schwul oder lesbisch lebenden Eltern. Die mit Neugier, Interesse und zuweilen auch spürbarer Skepsis gestellten Fragen kommen sowohl von Lesben und Schwulen als auch von heterosexuellen Männern und Frauen, ob sie nun Kinder haben oder nicht.

Das Thema schlägt immer noch hohe Wellen. Im Zusammenhang mit der Novellierung des Lebenspartnerschaftsgesetzes und der Diskussion um die Möglichkeit der Stiefkindadoption war dies besonders deutlich zu spüren. Es gibt sowohl politische als auch kirchliche Kräfte, die sich vehement dafür einsetzen, lesbische und schwule Familien weiterhin zu benachteiligen.

Ganz konventionell wird hier die heterosexuelle Familie zum alleinigen Maßstab erhoben und verteidigt. Unübersehbar, dass hier ein erbitterter Kampf um den Erhalt von Werten und heterosexueller Normierung tobt, wenn pauschal resümiert wird: „Kinder wollen und brauchen einen Vater und eine Mutter"[1].

Wir finden, dass es höchste Zeit ist, die Kinder, die mit lesbischen Müttern oder schwulen Vätern aufwachsen, selbst einmal zu Wort kommen zu lassen, ihnen eine Stimme zu geben und die Diskussion zum Thema lesbisch-schwule Lebensweisen um die Perspektiven der Kinder zu erweitern.

Wir waren neugierig darauf zu hören, was die Kinder dazu sagen, dass sie in einer Familie aufwachsen, die nicht dem traditionellen heterosexuellen Familienmodell entspricht. Wir wollten wissen, welche Bedeutung es für sie hat, dass ihre Mutter Frauen liebt oder ihr Vater einen Mann geheiratet hat. Wir interessierten uns dafür, was sie kritisieren, was sie gerne an ihren Eltern ändern würden und was sie an ihnen schätzen. Und wir haben sie gefragt, was das ganz Besondere für sie an ihrer Familie ist. Von Jugendlichen, die verletzende und zurückweisende Reaktionen erlebt haben, war es uns wichtig zu erfahren, wie sie mit schwierigen Situationen umgegangen sind, welche Strategien sie entwickelt haben, von wem sie Unterstützung erfahren haben bzw. von wem sie sich Unterstützung gewünscht hätten.

Wir fanden es spannend zu hören, mit welchem Blick sie auf ihr eigenes Leben schauen, und begleiteten sie bei einem Zeitsprung in die Zukunft zu ihren Träumen und Visionen.

Insgesamt haben wir 36 Kinder, Jugendliche und Erwachsene zwischen sechs und 31 Jahren aus Deutschland, Österreich und der Schweiz interviewt. Bei der Auswahl der InterviewpartnerInnen war es uns wichtig, möglichst viele unterschiedliche Kinder und Jugendliche zu Wort kommen zu lassen – wir wünschten uns Vielfalt im Hinblick auf Familienkonstellation, Alter, geographische, soziale und kulturelle Herkunft. Die Kontakte zu den InterviewpartnerInnen entstanden durch Annoncen und Artikel in Zeitungen, durch Aufrufe im Internet, durch Hinweise auf Veranstaltungen, durch Bekanntgabe in einschlägigen Netzwerken, sowie über persönliche Vermittlung. Besonders gefreut hat uns, wenn sich Kinder und Jugendliche selbst bei

---

[1] Ute Granold, Bundestagsabgeordnete CDU/CSU

uns gemeldet haben und uns mitteilten: „Ich finde es klasse, dass Sie die Kinder fragen, ich würde zu diesem Thema gerne etwas sagen." Andere reagierten eher skeptisch: „Weshalb soll es denn so wichtig sein, dass meine Mutter lesbisch ist, dass Sie darüber ein ganzes Buch machen wollen?"

Durchgeführt haben wir die Gespräche meistens bei den Kindern und Jugendlichen zu Hause, in dem Wissen, dass das Erzählen der eigenen, zuweilen sehr persönlichen Geschichte in einem vertrauten Rahmen eine größere Offenheit zulässt. Dazu gehörte auch, dass die Gespräche alleine mit den Kindern geführt wurden, wobei wir hier Wünsche unserer GastgeberInnen oder auch räumliche Gegebenheiten berücksichtigten.

Bei der Durchführung der Interviews haben wir uns – auch wenn das vorliegende Buch nicht den Anspruch erhebt, Ergebnis einer wissenschaftlichen Untersuchung zu sein – an der Methode des Offenen Interviews orientiert, das auf Leitfadenfragen basiert, aber so wenig wie möglich vorstrukturiert und lenkt. Damit hatten unsere GesprächspartnerInnen Raum, die für sie wichtigen und bedeutsamen Themen anzusprechen.

Die meisten unserer InterviewpartnerInnen haben sich entschieden, dass ihre Geschichte unter ihrem realen Namen erscheinen soll. Einige jedoch hatten nachvollziehbare Gründe, dies nicht zu tun. Marie wollte nicht ohne Einverständnis ihres Vaters seine und ihre Geschichte in einem Buch öffentlich machen; seine Zustimmung konnte sie jedoch nicht mehr erfragen, weil er verstorben ist. Ahmed möchte aufgrund der schwierigen Situation seiner Familie, deren Antrag auf Asyl abgelehnt wurde, seine Identität geheim halten. David und Esther haben ihre Geschichte unter anderen Namen erzählt, weil sie mit ihrem Vater nicht offen über die lesbische Beziehung ihrer Mutter sprechen. Die Mutter von Anna und Matthias braucht aus beruflichen Gründen den Schutz der Anonymität.

Je nach Alter bzw. verbaler Ausdrucksfähigkeit der InterviewpartnerInnen und je nachdem, wie es uns als Interviewerinnen im Kontakt mit unseren GesprächspartnerInnen gelang, eine vertrauensvolle und offene Gesprächsatmosphäre herzustellen, hatten die Gespräche eine Länge von 30 bis 120 Minuten. Die Interviews wurden auf Tonträger aufgezeichnet und anschließend transkribiert. Aus dieser Fülle von Informationen haben wir die zentralen Themen herausgefiltert und einen Text verfasst, der die jeweilige Person porträtiert und ihre Anliegen zum Ausdruck bringt. Unsere Fragen waren ein Angebot für die GesprächspartnerInnen, über einen wichtigen Aspekt ihres Lebens, nämlich ihr Aufwachsen in einer Regenbogenfamilie, zu reflektieren. Dieses Angebot haben sie angenommen und uns an ihrem oft sehr intensiven Prozess teilhaben lassen. Sie haben uns ihre Geschichte erzählt – oder vielmehr die vielen verschiedenen großen bedeutsamen und die eher nebensächlich scheinenden Geschichten, aus denen sich ihr Leben zusammensetzt. Wobei immer wieder spürbar war, dass sich Bedeutungen und Bewertungen verändern, unmerklich, „einfach so" oder als bewusst inszenierter Prozess.

Wir gehen von der systemisch-konstruktivistischen Denkweise aus, die annimmt, dass die Welt nicht als objektiv gegebene existiert, sondern, dass wir sie durch die Art und Weise, wie wir über sie sprechen, entstehen lassen. Das heißt natürlich auch, dass wir in der Rolle der Fragenden die verschiedenen Geschichten mit unseren Bewertungen versehen und diese in jedes der Porträts „eingeschrieben" haben. „Ein Dialog kann, ebenso wie ein Gedicht, vielfach interpretierbar sein" (Gunnar Grieger). Die Begegnung mit unseren GesprächspartnerInnen haben wir als einen Dialog im Prozess erlebt: Auf unsere Fragen folgten ihre Erzählungen, die wir miteinander verwoben und zusammengefasst haben, um sie dann den jeweiligen ErzählerInnen noch einmal vorzulegen. Denn uns lag am Herzen, dass sich alle, die uns ihre Geschichte mitgeteilt haben, in „ihren" – von uns verfassten – Texten wiederfinden.

Mit der Veröffentlichung der Texte geben wir diese Geschichten nun an Sie, die Leserinnen und Leser, weiter. Damit möchten wir Sie einladen, in die Geschichten einzutauchen und dabei Ihre eigenen Bedeutungen hineinzulesen. Freuen Sie sich auf spannende Begegnungen!

Stephanie Gerlach, München
Uli Streib-Brzič, Berlin
im Juni 2005

„Ich hab es den Erzieherinnen erzählt, noch bevor Mama das denen gesagt hat."

Felix (12) und Antonia (10)

„Also anders, als wie es jetzt ist, könnte ich es mir gar nicht mehr vorstellen" und dass es jetzt besser ist als vorher, da sind sich Antonia und Felix beide ganz sicher. „Eigentlich ist es ja so, als ob Sabine der Papa wär, nur dass es halt so geworden ist, dass wir jetzt zwei Mütter haben." Antonia ist jetzt zehn Jahre alt, Felix zwölf.

Seit fünf Jahren leben sie hier in dem kleinen Städtchen Betzdorf, in dem Haus am Hang mit einem weiten Blick ins Tal, wo sich die Sieg entlang schlängelt, zusammen mit ihren beiden Müttern Anne und Sabine, dem Hund Tilly, der schreckliche Angst vor Silvesterraketen hat, der kleinen verspielten Katze Emma und Helmut, dem Kater.

Eingezogen in dieses Haus sind sie kurz nach Antonias viertem Geburtstag zusammen mit ihrem Papa und ihrer Mama Anne, aber da gab es zuletzt hauptsächlich Streit.

Dann ist Papa ausgezogen. Wenn sie jetzt zum Papa gehen, so berichten die beiden, „dann finden wir das toll, weil wir dann immer etwas unternehmen. Gestern zum Beispiel haben wir eine Radtour gemacht", erzählt Antonia. „Und", ergänzt Felix und grinst verschmitzt, „ich bin dann den beiden immer davon gerast, weil ich es toll finde, so schnell zu fahren, wie ich kann, und war genervt, dass ich immer wieder ewig auf Antonia und Papa warten musste." Er verdreht die Augen. „Wieso musst du denn auch immer so weit voraus fahren", ärgert sich Antonia. Über so was, so erklären die beiden, bekämen sie immer wieder aufs neue Streit. Und die Fernbedienung, die sei auch jeden Tag ein Thema. Die Einigung, die sie getroffen haben, klappt nämlich meistens, aber nicht immer, denn zwar haben sie vereinbart, dass Antonia sie bekommt, wenn sie zu Hause, und Felix, wenn sie beim Papa sind, aber an den Tagen, an denen sie morgens in dem einen Zuhause und nachmittags in dem anderen sind, gerät die Regel jedes Mal aus den Fugen.

„Aber meistens verstehen wir uns ganz gut", sagt Felix. „Ja, oft ist er eigentlich ganz nett", ergänzt Antonia.

Für Antonia und Felix ist ganz klar, dass sie was besonderes sind, hier in der Kleinstadt. Die meisten Kinder leben mit Vater und Mutter zusammen, sie aber haben nicht nur zwei Eltern, sondern drei, und zwar zwei Mütter und einen Vater. Eigentlich klar, dass sich die anderen wundern, wenn sie das erste Mal hören, dass Felix und Antonia zwei Mütter haben. „Manche glauben das erst mal nicht und sagen: ‚Echt, das glaub ich nicht'", erzählt Felix. „Doch", antwortet Felix dann, „das stimmt und wenn dann mein Freund, der Robert, dazu kommt, sagt der dann auch: ‚Doch es stimmt schon.'" Nach diesen klaren Ansagen wissen die anderen Bescheid und die meisten nehmen es „so wie es ist", berichtet Felix.

Antonia hat bisher auch nie ein Geheimnis daraus gemacht, dass ihre Mama eine Frau liebt und nun mit einer Frau verheiratet ist. „Schon im Kindergarten war ich so ein Plappermäulchen", lacht sie, „da hab ich das den Erzieherinnen erzählt, noch bevor Mama das denen gesagt hat." Anne ging dann kurz darauf persönlich zu den Erzieherinnen, mit einer Flasche Sekt, denn die freudige Nachricht, dass sie sich neu verliebt hatte, war ja durchaus was zum Feiern.

„Seitdem sind sie Freundinnen", erzählen Felix und Antonia, „sie waren dann auch bei der Hochzeit dabei." Auch dieses Ereignis war etwas Außergewöhnliches. Denn als Anne und Sabine heirateten, sind sie das erste Frauenpaar im Landkreis, das im Rathaus in einer feierlichen Zeremonie eine Lebenspartnerschaft begründete. Und natürlich war das eine Sensation im Ort. „Das war sogar in der Zeitung", erzählt Felix und holt das Album mit den Fotos aus dem Schrank, „obwohl die Mama und die Sabine das gar nicht wollten." Und Felix und Antonia wissen auch, „dass die in der Zeitung Sachen geschrieben haben, die gar nicht stimmen." Antonia liest vor: „Also hier steht, ‚die beiden Frauen, die sich offiziell zum Paar erklären' – also das stimmt jetzt schon mal" sagt Antonia und lacht. „Jedenfalls hat meine Lehrerin den Artikel ausgeschnitten und überall im Lehrerzimmer rumgezeigt, für die war das schon was Besonderes, weil sie uns ja kannte."

Sie sind also eine Familie, die anders ist als die meisten Familien in der Kleinstadt, und für viele ist das kein Grund zum Komisch-Gucken oder Komisch-darüber-Reden, für einige wenige aber doch. Und Felix und Antonia finden, dass die ganz schön nerven.

„Ein Junge aus meiner Schule zum Beispiel", erzählt Felix „den haben wir getroffen, das war im Winter, als ich mit Anne und Sabine an der Schlittenbahn vorbeigelaufen bin, und wir haben ihn gegrüßt und dann hat er uns hinterhergerufen: ‚Lesben, Lesben!'. Also eigentlich finde ich den auch ziemlich doof und Mama und Sabine haben auch nichts zurückgesagt."

„Na ja", mischt sich Antonia ein, „außerdem stimmt es ja, was er gesagt hat, oder etwa nicht?"

Sie hat festgestellt, dass die, die blöde Sachen sagen, irgendwann damit aufhören, wenn man sich nicht darüber ärgert oder zumindest nicht zeigt, dass man sich ärgert. In ihrer Grundschulklasse da war anfangs ein Junge, der über Antonia und ihre Mütter gelacht und gelästert hat. „Ich hab dann mit meiner Freundin darüber geredet und die hat dann gesagt: ‚Hör nicht darauf, lass ihn doch einfach dumm stehen und dumm schwätzen', ja, und dann hab ich das gemacht und dann hat es aufgehört. Aber es ist natürlich kein so tolles Gefühl, wenn einer über deine Eltern lästert." Und wirkungsvoll war auch, als sie auf einen der Jungs, den vorlautesten ihrer Realschulklasse, zugeht und ihn an der Jacke festhält: „Da hab ich ihn gefragt, ob er eigentlich weiß, was er da redet, ob er denn weiß, was das ist, schwul, oder ob er das nur so als Ausdruck nimmt. Ja, und dann hat er gesagt: ‚Ej, lass mich los, lass mich in Ruhe!', der wollte gar nicht darüber sprechen, ich glaube, der wusste gar nicht, was er sagen sollte."

Felix ärgert sich über einen Jungen, der, wenn sie so im Spaß miteinander kabbeln, kämpfen oder boxen, oder wenn aus Spaß schon ein bisschen Ernst wird und sie sich kneifen oder schubsen: „Ej, du Schwuli!" ruft. „Manchmal sag ich das dann auch zurück, obwohl ich das gar nicht so meine", erzählt Felix und schüttelt den Kopf. Dann sagt er nach kurzem Nachdenken: „Aber eigentlich finde ich, der ist viel mehr schwul als ich, weil der mich ja viel mehr kratzt." Aber nicht nur Felix ist von diesem Jungen genervt, auch seine Freunde finden, dass man diesem Jungen eigentlich mal grundsätzlich die Meinung sagen müsste.

Und, ergänzt Antonia, denen, die dicke Kinder hänseln oder blöde Kommentare zu den türkischen Mädchen sagen, ebenfalls.

Antonia und Felix sind schon länger aktiv beim Kinderzirkus im Ort, fahren im Sommer regelmäßig zu einem Zirkuscamp für Kinder und sind auch schon mehrmals mit Zirkusnummern aufgetreten. Jonglieren, Trampolinspringen, Tellerdrehen, Devilsticks oder Diabolos blitzschnell hin- und her balancieren lassen, Akrobatik auf dem Einrad – eigentlich finden Felix und Antonia alles toll, vielleicht am allerbesten aber gefällt ihnen das Jonglieren und sie zeigen mir auch, wie gut sie das schon beherrschen. Hochkonzentriert die Blicke, die Wangen gerötet sehen sie schon ziemlich professionell aus, wie sie die bunten Bälle in ihren Lieblingsfarben – orange und hellgrün, gelb und blau – elegant auffangen, energisch wieder hochwerfen, sie erwischen, und schon wirbeln die Bälle wieder bunt durch die Luft. Bis einer fällt und das ganze Spiel von Neuem beginnt.

Felix ist sich sicher, dass das einmal sein Beruf wird. Er möchte gern Artist werden und Akrobatik studieren, am liebsten irgendwo im Ausland, in Straßburg vielleicht, wie Sabine, die ebenfalls dort studiert hat. Antonia dagegen hat vor – wie ihre Mütter, die Ärztin und Hebamme sind – heilend tätig zu sein, sie möchte Medizin studieren und Tierärztin werden. Ihr Traum ist es, auf dem Land zu leben, in einem richtigen Bauernhaus, die Felder und Wiesen direkt vor der Tür, dort, so träumt sie, wohnt sie mit ihrem Mann und ihren beiden Kindern. Vielleicht will sie auch mal nur ein Kind, „weil ich will ihm das nicht antun mit einem Geschwister, mit dem es sich andauernd zankt", sagt sie mit einem Seitenblick auf Felix, „oder eben Zwillinge."

Die kleine Katze Emma ist übrigens auch schon in die Kunst der Akrobatik einbezogen und balanciert Felix galant und erhaben über Schultern und Nacken die Arme entlang.

Dann springt sie auf den Boden und miaut.

„Die hätten ja mal fragen können."

Georg (17)

„Morgen ziehe ich aus!", verkündet Georg, als er mich zwischen den Umzugskartons, die sich im Flur stapeln, ins Wohnzimmer führt.

Kurz vor seinem 18. Geburtstag, findet er, wird es höchste Zeit, dass sein Vater Geerd und er sich räumlich voneinander trennen. Wenn auch nicht allzu weit – im gleichen Haus im Berliner Bezirk Charlottenburg werden sie weiterhin wohnen, Georg im vierten Stock, Geerd im dritten: „Dann kann ich ihm auf dem Kopf rumtanzen", sagt er mit einem Augenzwinkern.

Die erste eigene Wohnung. Georg freut sich: „Endlich keine Verhandlungen mehr darüber, wer wann mit Staubsaugen dran ist und wer die Spülmaschine ausräumt" und keine Diskussion mehr darüber, ob sein Zimmer ordentlich oder unordentlich sei. „Meine Unordnung ist meine Ordnung", sagt er entschieden. Schließlich sei es ja wichtig, „dass ich alles finde, was ich suche, und nicht er."

Georg (17)

Auf eigenen Füßen stehen lernen und für sich selbst verantwortlich sein, das steht jetzt an.

Georg wohnt, seitdem er elf ist und seine Mutter und Geerd sich getrennt haben, mit Geerd zusammen. Meistens zu zweit, immer wieder einmal auch zu dritt, wenn einer der Freunde des Vaters einzog und sie als Familie zusammenlebten. Manche blieben zu kurz, als dass sie wirklich Co-Vater für ihn waren, „aber einer war wirklich wie ein Vater für mich da, hat viel mit mir unternommen, ist mit uns verreist, hat gekocht und hatte wirklich ganz viel Zeit für mich." Wenn Georg von seinem Vater spricht, sind die Wertschätzung und Verbundenheit, die er ihm gegenüber empfindet, zu spüren. Seine Entscheidung, mit Männern zu leben, kam ihm als „was ganz Natürliches vor." Schließlich, so erzählt er, „hatte mein Vater immer schon Beziehungen mit Männern – auch bevor er meine Mutter geheiratet hat – nur irgendwann war's eben für ihn klar, dass er sich mehr zu Männern hingezogen fühlt."

Aber dennoch weiß Georg, dass Geerd es ablehnt, in eine Schublade gesteckt zu werden: „Er sagt immer, es könnte ihm ja schließlich auch mal 'ne Frau begegnen, in die er sich verlieben würde."

Diese Offenheit gefällt Georg, und die hat er ebenfalls als Lebensmotto für sich übernommen, nur eben umgekehrt: Seit einundhalb Jahren unsterblich-unglücklich in seine Tanzpartnerin verliebt, schaut er durchaus auch Männern hinterher – oder in die Augen. „Mein Tanzlehrer zum Beispiel – der strahlt so eine Erotik aus", schwärmt Georg.

Er grinst. Wie er sich definiere? „Oh, ich hatte eine so schöne Bezeichnung gefunden, ‚Tunte mit heterosexueller Orientierung'", sagt er und erzählt amüsiert, wie er auf dem letzten Christopher-Street-Day in langem pinkfarbenem Kleid und Highheels stolzierte, auf dem Rücken gut sichtbar ein Schild, das warnte: ‚Ich bin hetero' und an seiner Seite Geerd und Geerds bester Freund „als Bodyguards".

Mittlerweile hat er genügend Selbstbewusstsein für Provokationen dieser Art und einen spielerischen Umgang mit seiner sexuellen Identität. Etwas, das er sich hart erkämpft hat. „Erst in der Berufsschule und im Tanzkurs habe ich geschafft, mehr aus mir herauszugehen, und dort habe ich dann auch meine besten Freunde kennen gelernt."

Früher, in der Schule, stand Georg eher außerhalb der Jungscliquen, fühlte sich nicht zugehörig und ärgerte sich maßlos, wenn dieselben Jungs, die sich nachmittags bei Georg zu Hause mit seinem Vater prächtig verstanden und Georg um diesen „echt coolen Vater" beneideten, in der Schule in der Gruppe zusammenstanden und mit künstlich hoher Stimme „haititaiti" riefen, wenn Georg vorbeikam. Georg war nicht schlagfertig genug, um zu kontern oder sich mit ihnen zu streiten: „Aggressiv werden, das lag mir noch nie." Stattdessen zog Georg sich zurück, distanzierte sich, fühlte sich einsam, litt. Und war froh, als er nach der zehnten Klasse abging, um seine Ausbildung zu beginnen.

Heute, aus der Distanz heraus betrachtet, glaubt er, „dass es ihnen anscheinend nur darum ging, dazu zu gehören – obwohl sie Schwule eigentlich gar nicht so blöd fanden, wie sie taten."

Georg hat erst in den letzten Jahren gelernt, anderen seine Meinung ins Gesicht zu sagen. Mit seiner Power, die er heute besitzt, sagt er, würde er „die ansprechen und fragen: ‚Ej, wieso machst du das eigentlich?'" und sich nicht mit einer läppischen Antwort zufrieden geben.

Zeitweilig war sich Georg überhaupt nicht so sicher, ob das so gut war, dass in der Schule alle Bescheid wussten, dass sein Vater schwul ist. Zwar sind die Lehrer „eigentlich gar nicht anders" mit ihm umgegangen, nachdem sie wussten, dass Georgs Vater Beziehungen mit Männern hat. Georg hatte eher den Eindruck, dass „sie auf mich ein Auge mehr geworfen" haben, und im Blick hatten, dass Georg, einer der Stillen der Klasse, Unterstützung brauchte.

Dennoch hätte er sich von den Lehrern gewünscht, dass sie sich eindeutiger positionierten, entschiedener Vorurteilen entgegen gesteuert hätten, „wenn sie zum Beispiel gefragt hätten: ‚Was gibt's denn da zu lachen?'", sobald die Jungs, die sich in der Gruppe immer so cool gaben, lauthals über Schwule lästerten und Witze rissen. Aber stattdessen haben die Lehrer und Lehrerinnen lieber schnell das Thema gewechselt. Auch der Religionslehrer, selbst schwul, kapitulierte angesichts der Unruhe, die die Diskussion über Homosexualität in der Klasse auslöste. „Danach war dann das Thema Vampire dran." Georg zuckt mit den Achseln. „Aber sonst fand ich die Themen in Religion immer ganz okay."

Wichtig in dieser Zeit war für Georg, dass er sich der Unterstützung durch die Oma, die immer ein offenes Ohr für ihn hatte, eine Frau, die selbst viele Schwule und Lesben im Freundes- und Bekanntenkreis versammelte, immer sicher sein konnte. Und natürlich die von Geerd. Nicht dass er Geerds Exaltiertheit niemals peinlich gefunden hätte, wenn Geerd zum Beispiel – so wie neulich – als Drag Queen Geburtstag feiert „und alle Gäste sich erst mal wundern und fragen: ‚Huch, wo ist denn das Geburtstagskind?', aber dann finden es doch alle ganz witzig."

Georg (17)

Auch Geerds unverblümte Art hätte Georg zuweilen lieber mal leiser gedreht. Denn damals, als er beim Elternabend auf die Wahlliste der Elternvertreter gesetzt wurde, sagte Geerd ganz direkt: „Ihr könnt mich gerne wählen, aber vorher möchte ich, dass ihr wisst, dass ich homosexuell bin!" Er wurde Elternsprecher. Georg lächelt.

Und da ist ja auch noch der Beruf, der beide verbindet. „Der Apfel fällt nicht weit vom Stamm", sagt Georg belustigt. Ja, Friseur das sei er „aus Überzeugung" – und das glaube ich ihm sofort, denn seine Begeisterung, wenn er davon erzählt, wie er seine Kunden berät, welche Frisur er empfiehlt und welche Farbe er auswählt, ist zu spüren. Am allermeisten reizt ihn selbstverständlich das Extravagante: „Es macht natürlich mehr Spaß, wenn man mit Farbe spielen kann und irgendwas schneidet, wie es einem gerade so aus der Seele rauskommt."

Er weiß auch durchaus, was einen guten Friseur außer handwerklichem Können auszeichnet: „Als Friseur bist du eben auch ein Stück weit Therapeut, wenn die Leute kommen, unglücklich, weil die Haare nicht sitzen, und sie überhaupt ihr ganzes Leben Scheiße finden und ich ihnen dann eine neue Frisur verpasse und sie gehen mit einem Lächeln raus – das find ich klasse."

Im nächsten Jahr erhält Georg seinen Gesellenbrief und er hat ehrgeizige Pläne für seine berufliche Zukunft: „Starfriseur will ich vielleicht nicht gerade werden" – aber warum eigentlich nicht? Er sprüht vor Ideen, seinen Beruf mit Events zu koppeln und etwas Extraordinäres und Besonderes zu entwickeln. Dennoch: Zeit für seine neue Leidenschaft muss es auf jeden Fall auch noch geben.

Georg ist begeisterter Standard- und Latein-Tänzer – das passt gut zu seiner quecksilbrigen Lebendigkeit und seinem offensichtlichen Spaß, sich mit seinem Körper auszudrücken. Ich kann mir gut vorstellen, wie er und seine Tanzpartnerin beim Tango oder Paso Doble durch den Raum wirbeln. Auch hier hat Georg durchaus Ambitionen: „Auf jeden Fall wollen wir auf Turniertanz hinaus."

In seiner Stimme eine Entschiedenheit, die keinen Zweifel zulässt.

Im letzten Herbst hat Georg im Garten einen Mammutbaum gepflanzt. Erst 80 Zentimeter hoch ist das Sequoia-Bäumchen, und es wird eine Weile dauern, bis ein richtig groß gewachsener Baum aus ihm geworden ist. Georg weiß, dass man warten können muss. Darauf und auch bis die große Liebe vorbeischaut – auch wenn es einen von den Haar- bis zu den Zehenspitzen vor Ungeduld kribbelt.

Foto: privat, 2004

„Lesbischsein ist doch keine ansteckende Krankheit!"

Melanie (19)

„Meine Mama hat es wirklich nicht leicht mit mir gehabt", seufzt Melanie und dreht eine Haarsträhne ihrer schwarzgefärbten Mähne zwischen den Fingern. Haare und Frisuren sind ein wichtiges Thema für sie. Melanie ist Friseurin und war mit 18 die jüngste Gesellin ihres Jahrgangs, wie sie stolz betont. Der Beruf macht ihr Spaß, auch wenn der Verdienst eher bescheiden ist.

Die 19-Jährige lebt zur Zeit bei ihren Großeltern, „weil ich da die beste Verbindung habe, um zur Arbeit zu kommen", aber eigentlich ist sie fast nur bei ihrem Freund, mit dem sie gerne im kommenden Jahr zusammenziehen würde.

Melanies Eltern trennen sich, als sie ungefähr sieben ist. Die kleine Familie – Melanie ist Einzelkind – lebt in einem Dorf im Saarland. „Also am Anfang, da war das schon schlimm. Der Papa war einfach nicht mehr da. Aber danach habe ich ihn immer gesehen, wenn ich wollte, und dann war das ganz normal. Ich habe es ja nicht anders gekannt."

Melanie ist neun, als ihre Mutter die erste „richtige" Freundin hat. Melanies Mutter redet mit ihrer Tochter von Anfang an Klartext. Sie erklärt ihr, dass sie jetzt lesbisch sei und dass Melanie alles fragen könne. Melanie weiß nicht so recht, was sie mit dieser Information anfangen soll. Diese neue Frau ist jetzt da und damit muss sie sich arrangieren. Das ist schwierig genug. „Am Anfang bin ich gut mit ihr klar gekommen, wir hatten auch viel Spaß. Aber dann wollte sie mir immer vorschreiben, was ich tun sollte oder wann ich lernen muss. Ich habe dann immer gesagt: ‚Du bist nicht meine Mama.' Zu dieser Zeit hatten meine Mutter und ich fast nur Streit, auch wenn ich sagen muss, dass sie eigentlich fast immer zu mir gehalten hat. Aber ich war einfach stur und konnte nicht anders."

Als Melanie auf die Gesamtschule kommt und zum ersten Mal „Scheißschwuler" und „blöde Lesbe" auf dem Schulhof hört, da dämmmert ihr, dass diese Worte etwas mit ihrem eigenen Leben zu tun haben. „Und da habe ich erst irgendwie verstanden, dass meine Mama jetzt wirklich mit einer Frau zusammen ist."

Als es in der Schule rauskommt, wird Melanie gefragt, ob sie jetzt auch lesbisch wird. Sie regt sich auf: „So eine blöde Frage war das, Lesbischsein ist doch keine ansteckende Krankheit."

Aber darüber reden will Melanie in dieser Zeit nicht. In der Schule nicht und zu Hause auch nicht. Mit niemandem. Und das Leben auf dem Dorf hat seine eigenen Gesetze. Immer wenn wieder jemand fragt: „Und – hast du schon einen neuen Papa?", sagt Melanie: „Nein, lass mich in Ruhe." Melanie will nicht, dass „es" rauskommt, weil sie nicht weiß, wie die Leute darauf reagieren. Sie steht deshalb so sehr unter Druck, dass sie anfängt, alles in sich reinzufressen. „Ich glaube, ich musste erst mal selber realisieren, was lesbisch und schwul ist. Dass das nichts Schlimmes ist. Das hat sehr lange gedauert."

Die große Wende in Melanies Leben tritt ein, als sie 13 oder 14 Jahre alt ist. Sie lernt ihren besten Freund kennen. Und der ist schwul. Nachdem die beiden kurz ein Paar waren, outet er sich. Melanies Mutter hatte dies von Anfang an geahnt; für Melanie ist es eine Überraschung. „Ich war ja verliebt bis über beide Ohren. Als er es dann gesagt hat, war's aber okay für mich." Die beiden fangen an, regelmäßig in schwul-lesbische Kneipen zu gehen, ab und zu auch mit Melanies Mutter und deren Freundin. Zum ersten Mal spricht Melanie mit jemandem über die Tatsache, eine lesbische Mutter zu haben. Endlich muss sie sich nicht mehr vor ablehnenden Reaktionen fürchten. Da war einer, der weiß, worum es geht. Melanie kennt zu dieser Zeit außer ihrer Mutter und ihrem besten Freund keine anderen Lesben und Schwulen und steckt voller Vorurteile. „Bis wir dann in die Kneipen gegangen sind und ich gemerkt habe: Das sind ja ganz normale Leute." Melanie geht es zunehmend besser, die Beziehung zur Mutter entspannt sich.

Kurz darauf trennen sich Melanies Mutter und ihre Freundin. Melanies Mutter ist in dieser Zeit sehr unglücklich und für ihre Tochter nicht mehr in dem Maß zugänglich, wie es Melanie gebraucht hätte. „Sie war total fertig und für mich nicht mehr so da wie früher. Aus lauter Trotz bin ich dann Hals über Kopf ausgezogen, ohne irgendetwas zu sagen. Da war ich dann bei meinem Vater und habe alles bekommen, was ich wollte. Fast ein ganzes Jahr hatten meine Mutter und ich so gut wie keinen Kontakt mehr. Aber dann habe ich gemerkt, dass ich meine Mama vermisse, und wir haben uns ausgesprochen."

Heute ist das Verhältnis zwischen Mutter und Tochter sehr gut, die beiden sehen sich zwei- bis dreimal in der Woche. Sie treffen sich in der Stadt oder Melanie fährt zur Mutter.

Melanies Eltern haben keinen Kontakt mehr zueinander. Auch das Verhältnis zwischen Melanie und ihrem Vater ist distanzierter geworden, seit er wieder geheiratet hat. Melanie kommt mit der neuen Frau des Vaters nicht klar. Sie findet das zwar schade, „aber ich kann es auch nicht ändern."

Melanie zieht immer noch gerne durch Saarbrückens Kneipen und Cafés. Durch ihren besten Freund besteht die gemeinsame Clique fast nur aus Schwulen. „Das ist einfach schön, mit denen wegzugehen und Spaß zu haben. Die hören zu und ich brauche keine Angst zu haben, von wegen Abschleppen und so. Und mein Freund ist da total akzeptiert. Wir sind die einzigen Heteros, und das klappt gut. Manchmal sind auch ein paar Lesben dabei, aber eher selten."

Was sagt die Mutter zu Melanies Freundeskreis? „Sie hat mich öfter darauf angesprochen, warum ich ein Problem mit ihr hatte, aber nicht mit meinen ganzen schwulen Freunden. Das Problem war nicht, dass sie jetzt lesbisch ist, sondern dass sie meine Mama war, die lesbisch ist. Die steht jetzt auf Frauen, warum nicht mehr auf meinen Papa? Und dann hatte ich einfach mit mir so viele Probleme, gar nicht mal nur mit ihr."

Melanie (19)

Heute ist Melanie sehr stolz auf ihre Mutter. Und dafür gibt es viele Gründe. Zum Beispiel, dass diese sich, außer am Anfang vielleicht, nie als Frau, die Frauen liebt, versteckt hat. Und dass sie immer noch in dem gleichen kleinen Dorf wohnt. „Meine Mama ist mir wirklich ein Vorbild. Sie schafft alles, was sie will. Erst die Sprüche aushalten, als rauskam, dass sie lesbisch ist. Dann mich großziehen und das alles in dem großen Haus. Und einen Hund gibt es auch noch."

Seit etwa drei Jahren hat Melanies Mutter eine neue Partnerin. Mit der versteht sich Melanie „Eins A", was sicher auch damit zusammenhängt, dass Melanie nicht mehr zu Hause wohnt. „Aber sie hat auch nie versucht, sich zwischen uns zu drängen oder mir Vorschriften zu machen."

Letztes Jahr war die ganze Familie auf dem Christopher-Street-Day in Köln. Für Melanie ein wichtiges Ereignis. Sie möchte ihrer Mutter zeigen, dass sie sich nie für sie geschämt hat – ein wunder Punkt zwischen Tochter und Mutter. „Sie denkt das, und das will ich nicht."

Mit den Großeltern wird die Lebensform der Mutter nicht besprochen. Melanies Großvater hat die Tatsache einigermaßen akzeptiert, aber die Großmutter hat nach wie vor große Probleme damit. Melanie findet das sehr schade. „Wenn ich meine Mutter wäre, dann fände ich es schlimm, wenn meine Eltern nicht hinter mir stehen würden."

Melanie weiß, wovon sie spricht. Es gab eine Zeit, in der sie „viel Mist gebaut hat". Gelogen, Unterschriften gefälscht, und dann eben in jener Nacht- und Nebelaktion von zu Hause ausgezogen – Melanie wünscht sich manchmal, sie könnte das alles ungeschehen machen. „Es tut mir Leid, dass ich das damals so gemacht habe. Aber ich kann es nicht mehr ändern." Umso mehr schätzt sie, dass ihre Mutter immer hinter ihr stand und sie das Gefühl hat, sich jederzeit auf ihre Mutter verlassen zu können.

An ihrem neuen Arbeitsplatz weiß die Chefin bereits über Melanies Familie Bescheid. „Wir haben geredet, wo ich wohne und über meinen Papa und meine Mama und da habe ich gesagt, wie es ist: Meine Mama ist lesbisch. Es ist gar nicht weiter drüber geredet worden und es guckt auch keiner blöd. Deswegen fühle ich mich dort wohl." Melanie hätte jedoch auch dort angefangen zu arbeiten, wenn die Reaktion nicht so gut ausgefallen wäre.

Sie erinnert sich daran, dass sie früher ihre Mutter öfter verteidigt hat. „Mittlerweile brauche ich das nicht mehr, aber eigentlich hat mir das ganz gut getan. Schließlich stellt sich meine Mama ja auch vor mich. Also kann ich es auch machen."

Ihr Rat an andere Jugendliche mit lesbischen oder schwulen Eltern? „Redet mit euren Eltern! Akzeptiert euren schwulen Papa oder eure lesbische Mama. Es ist nichts Schlimmes." Und den Eltern rät Melanie, ihre Kinder, wenn sie alt genug sind, mal in ein Szene-Café mitzunehmen, damit sie sehen, dass Lesben und Schwule keine Monster sind, sondern ganz normale Leute.

Foto: Petr Spak, 2001

„Heiraten werde ich entweder den Ruben, den Rune oder die Maruška."

Matěj (6)

„Zu Weihnachten, da wünsche ich mir am allermeisten, dass es regnet", erklärt mir Matěj, „das passt zu meinem Plan." Dem Plan nämlich, dieses Jahr endlich mal den Weihnachtsmann live dabei zu erleben, wie er die Geschenke abliefert und die Kerzen am Weihnachtsbaum anzündet. Und das würde ihm nur gelingen, wenn es regnete und am besten noch dazu kräftig stürmte. Denn dann würden sie ganz sicher am Heiligabend kurz bevor es dunkel wird, zu Hause sein und nicht wie sonst immer einen Spaziergang machen. Im Wald legen sie den Rehen und Wildschweinen nämlich Möhren und Nüsse als Weihnachtsmahl aus und für ihren Hund Pan, der im letzten Sommer gestorben ist, zünden sie eine Kerze an. Die leuchtet dann in der Dunkelheit. Matěj liebt diesen Spaziergang sehr. Er findet nur, dass man ihn auf einen anderen Tag verlegen könnte, auf den ersten Weihnachtstag zum Beispiel. Draußen beginnt es tatsächlich leicht zu nieseln, der Schnee taut, vielleicht hat Matěj also Glück.

Matěj ist sechs Jahre alt und lebt mit seiner Mami Zdenka und seiner Mama Verena in einer Kleinstadt am Rande der Schwäbischen Alb. Bis vor einem Jahr haben alle drei hier in dem kleinen Reihenhaus am Waldrand zusammengelebt, jetzt verbringt Matěj drei Tage in der Woche hier bei Mami und drei Tage bei seiner Mama in ihrer neuen Wohnung. Einen Tag in der Woche sind sie alle drei zusammen. Und Weihnachten feiern sie natürlich auch gemeinsam. Matěj hofft sehr, dass er das Auto mit Fernsteuerung bekommt, das er sich gewünscht hat.

Natürlich fand Matěj es besser, als seine beiden Mütter noch zusammengewohnt haben, aber irgendwie ist es jetzt auch okay, mal hier und mal dort zu sein. Wenn er imstande wäre, sich in einen Adler zu verwandeln, könnte er alleine und dazu noch ganz schnell hin- und herfliegen und es würde nicht mal eine Viertelstunde dauern, weil Adler so große, starke Flügel haben. In der Wirklichkeit, in der er nicht fliegen kann, bringt ihn meistens die Mama mit dem Auto oder die Mami holt ihn ab. Wenn er bei der Mami ist, findet er es am tollsten, wenn sie zusammen Fußball oder Volleyball spielen. Bei der Mama ist er gerade dabei, im Garten „ein riesiges Murmelschloss aus Schnee zu bauen." Und Matěj verrät mir auch die Spielregeln seiner märchenhaften Erfindung: „Die große Murmel ist der König und die andere Murmel, wenn man die reinwirft, rennt die schnell durchs ganze Schloss bis zum König."

„Ich bin halb tschechisch und halb deutsch", erzählt mir Matěj, denn „meine Mami kommt aus Tschechien, und meine Mama aus Deutschland." Und Matěj fühlt sich mit beiden Ländern verbunden, er ist bereits einige Male mit seinen Eltern in Prag gewesen, hat Freundinnen und Freunde dort und spricht die Sprache fließend. Denn Matěj wächst mehrsprachig auf: Mit seiner Mami spricht er ausschließlich tschechisch, mit der Mama hochdeutsch, und mit den Kindern auf der Schlittenbahn schwäbisch.

Matěj spricht ganz offen über seine Familie. Beim letzten Urlaub hat er die anderen Kinder auf dem Campingplatz gleich darüber aufgeklärt, dass er eben nicht wie andere Kinder eine Mama und einen Papa, sondern eine Mami und eine Mama hat. Und dass es einen sehr netten Mann gab, der seinen Samen gegeben hat, und dass so die Mama und die Mami ihn bekommen haben. Geboren hat ihn seine Mama und er weiß auch wo: „Hier in diesem Zimmer!", erzählt er stolz und dass er genau zur selben Zeit auf die Welt kam wie ein Mädchen, das er kennt. Das findet er sehr besonders.

Matěj hat es noch nicht erlebt, dass irgendwer über ihn oder seine Familie etwas Blödes gesagt hätte. „Und wenn", sagt Matěj, „würd ich mir nix denken dazu." Matěj schüttelt energisch den Kopf.

Matěj geht in die erste Klasse und am meisten macht ihm Turnen Spaß, und Handarbeit gefällt ihm auch. Mit Stricken fangen sie nach den Ferien an und darauf freut er sich. In Sport fände er klasse, wenn er beim Laufen noch schneller würde und den Lukas überholen könnte. Dann wäre er nämlich der Schnellste. Überhaupt wäre sein größter Wunsch, Profi im Fußball, im Baseball und im Volleyball zu werden. Im Jojospielen, verkündet er stolz, „bin ich jetzt schon der beste in meiner Familie", und er zeigt mir, wie er das „J" von seinem Namen damit in die Luft zeichnen kann. Dafür braucht man ganz schön viel Schwung.

Wie fürs Trommeln auch, das lernt er nämlich in der Musikschule und bald will er anfangen, Schlagzeug zu spielen.

Später einmal möchte Matěj Erforscher vom Bermudadreieck werden oder Delphinforscher. Vielleicht aber auch etwas so Gewöhnliches wie Polizist oder Feuerwehrmann. Und heiraten wird er vielleicht auch. Auch wenn er „ja nicht weiß, wer schon mit wem anderen heiratet". Wenn er es heute überlegt, würde er sich entweder für den Ruben, den Rune oder die Maruška entscheiden.

Aber erst mal wird er jetzt mit seiner Mami zusammen den Weihnachtsbaum schmücken, mit Kerzen aus duftendem Bienenwachs, Sternen aus Stroh und einem Engel an der Spitze.

„Ich glaube nicht, dass ein Mädchen
mit Liebeskummer zu ihrem Papa geht."

Jane (13) und Ariane (17)

Man käme auf den ersten Blick nicht darauf, dass sie Schwestern sein könnten, denn Jane, die braunhaarige, ist mit 13 schon genauso groß und kräftig wie ihre Mutter. Man könnte Jane leicht für 18 halten. Neben ihr wirkt Ariane, die 17 jährige, mit ihrem blonden halblangen Haar noch kleiner und zierlicher, als sie ist.

Allerdings muss man ihnen nicht lange zuhören, bis jede und jeder merkt, dass sie nur Schwestern sein können oder beste Freundinnen oder eben beides. Und ziemlich schnell kriegt man außerdem mit, dass Ariane vielleicht zart und zerbrechlich wirken mag, aber fuchsteufelswild wird und sich energisch und ohne zu zögern für ihre kleine Schwester Jane einsetzt, falls irgendwem es einfallen sollte, einen blöden Kommentar über Janes Größe zu wagen, sie gar „Planschkuh" zu nennen oder zu tuscheln, sie sei bestimmt auch lesbisch – so wie ihre Mütter. Auf Jane lässt Ariane absolut nichts kommen, und auf ihre beiden Mütter auch nicht. Da kann es schon vorkommen, dass sie mal zuschlägt, um ihren Worten mehr Nachdruck zu verleihen. „Was ich überhaupt nicht abkann, ist, wenn man irgendwas über meine Familie sagt, noch schlimmer, wenn man was über meine Mutter sagt. Da bin ich schnell auf hundertachtzig." Jane dagegen ist die Stillere von beiden, eine, die erst mal beobachtet, eine, die sich lieber nicht streitet und am allerliebsten in Ruhe gelassen werden will.

Ariane und Jane leben seit zehn Jahren mit ihren Müttern Iljana und Sigi zusammen, in Neubrandenburg in Mecklenburg-Vorpommern, mitten in der Stadt. Geboren ist Ariane auf Rügen und Jane in Berlin. Ariane kann sich noch ganz gut an die Zeit erinnern, als sie mit ihrem Stiefvater, dem Vater von Jane, und ihrer Mama in Berlin-Friedrichsfelde in der Nähe des Tierparks gewohnt haben und Iljana sich gerade in Sigi verliebt hatte. Da gab es jede Woche mindestens einmal einen Riesenkrach. „Mein Stiefvater, der konnte das überhaupt nicht verstehen, dass Mutti nicht mehr auf Männer steht, sondern sich in eine Frau verliebt hat – es war ganz fürchterlich." Ariane war heilfroh, als sie, Jane und Iljana aus der Wohnung ausgezogen sind.

Und wie ihre Mutter ihr die Neuigkeit mitgeteilt hat, das weiß sie übrigens auch noch ganz genau: „Da hat mich Mutti genommen und mir das erklärt, so dass es eine Siebenjährige eben versteht. Sie hat gesagt, dass sie Sigi kennen gelernt hat und sie sehr gern hat. Und ich hab gesagt: ‚Ja, okay.'" Aber eigentlich fand Ariane es gar nicht okay. Sie und Jane mochten Sigi anfangs überhaupt nicht leiden. „Als kleines Kind", so erklärt sich Jane das heute, „ist man halt nicht so unbedingt für Überraschungen." Zumindest nicht für solche. Die beiden mussten sich erst mal dran gewöhnen, dass es da jemanden Neues im Leben ihrer Mutter gab. Sigi hat es aber geschafft, die Herzen der beiden Schwestern zu gewinnen: „Sie hat mit mir an der Modelleisenbahn gebastelt", erzählt Jane und sie erinnert sich noch genau, dass Sigi es war, die ihr die Schultüte überreicht hat. „Das war schon etwas ganz Besonderes." Und damit war das Eis gebrochen.

Ariane und Jane mussten sich auch daran gewöhnen, dass andere zunächst ziemlich überrascht sind, wenn sie hören, dass Ariane und Jane zwei Mütter haben. Oder sogar „iih, wie eklig" rufen. Anfangs hat Ariane deshalb nicht groß darüber gesprochen. „Also ich hab in meiner neuen Grundschule in Neubrandenburg dann im Stuhlkreis erst mal nicht so viel von den Ferien erzählt, ich hab mich nicht getraut, Sigi zu erwähnen." Erst später auf der Gesamtschule, gleich in der siebten Klasse, hat Ariane keine Lust mehr auf diese Heimlichtuerei. Und außerdem überlegt sie sich, dass ihr eigentlich egal sein kann, was die anderen über sie denken und ob sie lästern oder nicht. Als sie im Deutschunterricht das Thema Lesben und Schwule besprechen, gibt sich Ariane einen Ruck: „Da habe ich mir so gedacht: ‚So, jetzt nimmste deinen Mut zusammen und stehst auf und sagst, dass du 'ne lesbische Mutti hast.'" Und das tat sie auch. „Und dann haben mich alle, die es noch nicht wussten, mit großen Augen angeguckt und mein Banknachbar hat gesagt: ‚Echt, ej?' Der wollte es nicht glauben." „Und – ein Problem damit?" fragt Ariane spitz. „Nö", hört sie nur, und „Ich wusste es halt nicht".

Seitdem hat Ariane wenig blöde Bemerkungen mitgekriegt. Und wenn es mal vorkommt, dass jemand etwas Abfälliges sagt, dann kann sie sich auf ihre Freundinnen und Freunde verlassen. Einmal haben ihre Freunde mit einem Mädchen, das Janes und Arianes Mutter beleidigt hatte, ein ernstes Wort gesprochen. „Und dann hat sie sich wirklich bei mir entschuldigt." Aber ansonsten braucht Ariane keine Jungs, die solche Angelegenheiten für sie regeln: „Ich kann mich schon alleine wehren." Und dann erzählt sie, wie sie einen Jungen zur Rede gestellt hat, der über Jane und ihre Mutter immer wieder respektlose und verletzende Sprüche gemacht hatte. Sie begegnet ihm auf der Straße, er in Begleitung von zwei Freunden, sie alleine. Klar hatte sie Herzflattern, schließlich konnte sie ja nicht absehen, ob sie heil aus der Angelegenheit rauskommen würde. „Aber dann habe ich so 'ne innere Kraft entwickelt", erzählt Ariane, „und hab mich vor ihm aufgebaut und gesagt: ‚Ej, Freundchen, noch so'n Ding und dann gibt's Ärger!' und dann wollte er sich natürlich rausreden und da hab ich gemerkt, der hat ja ganz weiche Knie. Anscheinend hatte er ganz schön Schiss vor mir." Ariane verschränkt energisch die Arme. Die Sache ist für sie abgehakt. „Früher" ergänzt sie noch, „da hab ich mir viel gefallen lassen, aber heute, da hab ich so eine Stärke entwickelt und ich glaube, dadurch haben sie einfach mehr Respekt vor mir bekommen."

Ihre Freundinnen und Freunde finden ihre Eltern übrigens „total cool." „Die sagen oft: ‚Mann, deine Mutter ist ja total locker'", erzählt Ariane. Auch ihrem derzeitigen Freund hat sie es gleich gesagt, dass ihre Mutter lesbisch ist. „Dem ist das egal, er akzeptiert das. Außerdem bin ich ja nicht diejenige, die lesbisch ist, und überhaupt – es ist ja nichts Schlimmes", sagt Ariane.

Jane dagegen hat auch andere Erfahrungen gemacht. Ihren besten Freund, mit dem sie früher regelmäßig Fußball gespielt hat und kurze Zeit waren sie auch ineinander verliebt, darf Jane nicht mehr treffen – zumindest, wenn es nach seinen Eltern ginge. Doch Jane und er sind erfinderisch und suchen immer wieder neue Wege, sich trotzdem zu verabreden. „Aber wenn seine Eltern das rausfinden, kriegt er eine Woche Stubenarrest". Jane verdreht die Augen. „Aber der kriegt sowieso dauernd Stubenarrest, wegen jeder schlechten Note." Selbst ein Gespräch, bei dem sich Janes Mütter und die Eltern des Freundes zusammengesetzt und darüber geredet haben, ändert nichts. „Sie bleiben einfach stur bei ihrer Meinung", empört sich Jane. Und dabei ist nicht mal offen ausgesprochen, worum es überhaupt geht: Ist es die Tatsache, dass Jane zwei Mütter hat oder weil sie Jane als Person nicht mögen. Oder wegen des Streits um die Rückgabe von Janes Gameboyspiel vor ein paar Monaten. Jane könnte sich auch vorstellen, dass „es vielleicht auch wegen meiner Größe ist."

Zum Glück fühlt sich Jane in ihrer Klasse inzwischen wohl: „Mit denen versteh ich mich gut, wir halten ganz und gar zusammen", erzählt sie, zumindest seit einer ihrer Mitschüler, „der, der immer der King sein wollte", die Schule gewechselt hat. Jetzt hat Jane einen festen Platz in der Gemeinschaft. „Und wenn was sein sollte, dann ...", sagt Jane mit einem kleinen Lächeln. Sie braucht nicht unbedingt immer Arianes Unterstützung.

Dass ihre beiden Mütter immer ein offenes Ohr für sie haben, das finden die Schwestern beide sehr wichtig. „Ich mache da auch keinen Unterschied" erzählt Ariane, „ich habe beide gleich doll lieb." Jane nickt zustimmend, sie kann sich noch erinnern, wie sich Sigi und Iljana mal heftig gestritten hatten. „Das war im Garten und ich saß da und hab geheult und gesagt, dass sie bloß nicht auseinander gehen dürfen." Jane ist damals sieben oder acht. Sie ist erleichtert, als ihre Mütter ihr erklären, dass sich zu streiten nicht immer Trennung heißen muss. Mittlerweile haben Sigi und Iljana ihre Lebenspartnerschaft eintragen lassen. „Verheiratet kann man ja nicht sagen, obwohl es für mich das Gleiche ist", erklärt Ariane. Sie und Jane fänden es gut, wenn Sigi sie adoptieren könnte: „Damit wären wir rechtlich eben auch ihre Kinder, nicht nur Muttis."

Ariane und Jane sind sich einig darüber, dass es für sie keinen Unterschied zwischen Papa- und Mama-Familien und ihrer Zwei-Mama-Familie gibt. „Der einzige Unterschied" überlegt Ariane, „ist vielleicht der, dass wenn in einer, ich sag mal, normalen Familie, Mutti bei der Arbeit ist und Papa zuhause, dann glaube ich nicht, dass dann die Tochter mit ihrem Liebeskummer zu ihrem Papa geht. In unserem Fall können wir immer darüber reden, ob nun mit Sigi oder mit Mutti."

Jane hat vor, das Abitur zu machen, danach möchte sie Mathematik, Informatik und Geographie studieren. Und leben würde sie am liebsten am Meer. Dort, wo es warm ist, in Griechenland vielleicht.

Aber erst mal freut sie sich auf ihre Jugendweihe.

Ariane hofft, dass sie nächstes Jahr endlich ihren Hauptschulabschluss in der Tasche hat. Eigentlich hatte sie vor, nach Rügen zu ziehen, um dort eine Ausbildung in ihrem Wunschberuf als Hotelfachkraft zu machen. Ihre Herzkrankheit, die sie seit ihrer Kindheit begleitet, hat ihr aber im letzten Monat einen Strich durch diesen Plan gemacht. Es fällt ihr gar nicht so leicht, sich neu zu orientieren. Zunächst einmal hat sie sich entschlossen, in der Nähe ihrer Familie zu bleiben. Arianes wahre Leidenschaft ist übrigens das Zeichnen. Sie wagt es eigentlich nicht mal zu träumen, aber wenn sie es sich dennoch erlaubt, dann sieht sie sich Ausstellungen machen und ihre Bilder verkaufen. Eine, die sie hier sehr ermutigt und diese kreative Seite unterstützt, ist ihre Kunstlehrerin.

Und dann gibt es noch einen sehr ungewöhnlichen Wunsch: „Ich würde gern einen Tag mal mit Tigern verbringen." Wie bitte? „Ja", lacht Ariane „das versteht niemand. Mutti schaut mich auch immer komisch an, wenn ich das sage, aber ich würde gern mit denen knuddeln, ich stell mir vor, dass sie ganz kuschelig sind."

So wie der Tiger auf einem ihrer Lieblingsbilder.

„Der sieht ganz flauschig aus und tappst mit großen Augen durch den Schnee."

Foto: Antje Rauschke. 2004

„ANDERE KINDER WÜRDEN IHRE SACHEN PACKEN UND WEGGEHEN."

Jaschka (10)

Jaschka ist ein Denker und ein Träumer, der es liebt, Geschichten, die er liest oder hört, in seiner Phantasie in neue zu verwandeln. „Am liebsten träume ich. Das längste, was ich mal geträumt habe, waren drei Stunden und das ist dann, als hätte ich in meinem Kopf eine Wohnung, in die ich frisch eingezogen wäre." Jaschka ist zehn. Seitdem er vier Jahre alt ist, lebt er zusammen mit seiner Mutter Antje in Niederkaufungen, einem kleinen Dorf in der Nähe von Kassel. Dort steht mitten im Ortskern, mit der Adresse Kirchweg 1, ein alter Gutshof, in dem 70 Leute in elf Wohngruppen zusammen leben und gemeinsam wirtschaften. Jaschka ist eins der 16 Kinder, die in der Kommune leben.

„Es ist toll hier in der Kommune, weil ich nie alleine bin – zum Beispiel, wenn Mama nicht da ist, kann ich zu den anderen gehen, oder wenn ich mal krank bin, kommen sie mich besuchen", erklärt mir

Jaschka (10)

Jaschka. Er zeigt mir sein Zimmer mit den zwei Ebenen, unten der Schreibtisch, oben der Rückzugsbereich, seine Matratze, seine Kuschelecke und seine Lieblingsbücher. Es grenzt an das große Wohnzimmer und liegt direkt gegenüber von Antjes Zimmer. Dazwischen hängt eine Schaukel – es gibt genügend Platz, den großen Raum auf unterschiedliche Weise zu nutzen.

Wir sitzen in der roten Sofaecke.

So toll er es findet, mit anderen zusammenzuwohnen und die Möglichkeit zu haben, mit anderen zu spielen, Jaschka ist auch gern für sich. Denn richtig träumen kann man nur, so erklärt er mir, wenn jemand auch mit sich alleine sein kann. Wenn er oben auf das rote Ziegeldach klettern könnte, das heißt, wenn es keine spitzen Giebel hätte, sondern flach wäre, würde er sich dort einen Ausguck bauen, ein winziges Häuschen mit großen Fenstern. Dorthin würde er sich zurückziehen, und wenn er einen Adler besäße, würde er ihm dabei zusehen, wie er am Himmel seine Kreise zieht und dann wieder zu ihm zurückkommt. Von dort oben könnte er vielleicht auch noch viel weiter schauen. „Am liebsten würde ich auf die andere Seite der Erde schauen und gucken, wie es dort aussieht und was da gerade los ist, ob dort Flut ist oder ob es brennt", begeistert sich Jaschka. Ebenso spannend wäre es natürlich, in das Reich des von einem Troll entführten König Kalle Wirsch zu spähen. Dann könnte er sehen, wer gerade seinen Schatten auf der Erde braucht und wer nicht. Denn dort werden alle Schatten der Menschen auf der Erde gesammelt, solange die sie nicht benutzen. Er selber braucht seinen Schatten. „Ich glaube, er ist wichtig für das Gleichgewicht", erklärt Jaschka. So wie alle Dinge im wirklichen Leben zwei Seiten haben, eine, die im Licht steht, und die andere, die der Schatten ist. Und beide gehören zusammen, keine Seite kann ohne die andere existieren. Und so hat auch für Jaschka alles zwei Seiten. Eine Mutter zu haben, die allein erziehend ist, kann manchmal zu wenig sein und manchmal zu viel. Zuviel ist sie dann, wenn sie allzu genau schaut, ob man alles so macht, wie sie es einem gesagt hat. Hätte man zwei Mütter oder einen Vater und eine Mutter, dann – so vermutet Jaschka – wären die beiden auch miteinander beschäftigt und in der Zeit wäre man selber unbeobachtet und dadurch freier. Doch auch zwei Eltern können wiederum gelegentlich zu einem Nachteil werden, nämlich dann, wenn beide Eltern ihm Aufträge geben. „Das ist nämlich zum Beispiel so, dass Mama sagt: ‚Tu dies' und Bille fragt mich dann: ‚Ach, hat Antje nicht gesagt, du sollst das und das tun?'" Bille ist die Freundin von Antje. Sie lebt nicht in der Kommune, sondern mit ihren vier Kindern in einem Ort in der Nähe. Bille ist dann, wenn sie da ist, eine zweite Mutter für ihn.

Dass seine Mama lesbisch ist und eine Frau liebt, auch das hat für Jaschka zwei Seiten: „Es ist für mich ganz normal, aber irgendwie auch ganz komisch. Eben normalkomisch. Es ist beides immer da."

Seinen Vater hat Jaschka nie kennen gelernt. Seine Mutter und sein Vater, so weiß er, haben sich getrennt, bevor er geboren wurde. „Ich hab ihn noch nie gesehen, hab noch nie was gehört von ihm. Er hat mir noch nie ein Geburtstagsgeschenk gebracht oder sonst etwas geschenkt." Jaschka hat fest vor, ihn mal zu besuchen, später, wenn er älter ist. Er ist sich sicher, dass Antje ihm helfen wird, seine genaue Adresse herauszufinden. Aber auch dieses Vorhaben hat natürlich eine zweite Seite, die Schattenseite des Risikos, weil er ja nicht weiß, ob er ihn vielleicht ganz blöd finden wird und dann schrecklich enttäuscht sein würde. Es gibt Momente, in denen Jaschka seinen Vater vermisst. Aber „schrecklich arm dran" wie andere ihn bedauern, wenn sie hören, dass Jaschka keinen Vater hat, das findet er, sei er nicht. Außerdem stimmt es ja ohnehin nicht, was die anderen sagen, deshalb korrigiert Jaschka sie dann auch sofort: „Klar habe ich einen Vater, er heißt Frank und wohnt in der Nähe von Königslautern."

Die Tatsache, dass Antje lesbisch ist und er in einer Regenbogenfamilie lebt, veröffentlicht Jaschka ohne Zögern. Neulich, als alle Kinder seiner Klassenstufe für die neuen Eltern und Kinder Portraits von sich gemalt haben, hat er das in seinem Bild ganz deutlich gemacht. „Da ist ein Regenbogen drauf und ich habe geschrieben ‚Ich bin ein' und dann kommt ein Bindestrich und dann ‚Kind'. Und denen aus meiner Klasse, die nicht wussten, was das ist, hab ich es erklärt. Meinem Lehrer hab ich es auch erklärt." Eigentlich findet Jaschka es kein Problem, wenn jemand über seine Familie etwas wissen will. Wenn allerdings dieselben Fragen von denselben Kindern zu oft gestellt werden, vermutet er jedoch, dass die es gar nicht ernst meinen, sondern ihn ärgern wollen. Für diese Fälle hätte er gern eine passende, klipp und klare Antwort. Wo die anderen dann still sind und aufhören mit ihrer Fragerei. „Es wäre einfach gut, wenn ich mich besser unterstützen könnte. Ich kann mich einfach nicht so gut gegen was stellen." Aber in seiner Phantasie hat er schon eine Idee dazu entworfen: „Wenn man etwas Schweres wegrollen muss, einen Fels oder so, dann wäre es gut, wenn man sich in einen Bär verwandeln könnte. Mit seiner Kraft würde man das schaffen", erzählt Jaschka. Und für andere Unwegsamkeiten würden einem andere Tiere helfen: Hätte man einen gefährlichen Wald zu durchqueren, könnte man ein Wolf sein. Hätte man die Straßenbahn verpasst, wäre es gut, man wäre ein Vogel, der einen ganz schnell bis zur nächsten Station bringt.

Andere Kinder, da ist sich Jaschka sicher, würden das überhaupt nicht tolerieren, wenn ihre Eltern lesbisch oder schwul wären. „Ich glaube, die würden ihre Sachen packen und weggehen oder drohen, dass sie sich umbringen." Zumindest schließt er das aus den Anspielungen und Sticheleien mancher Kinder.

Was Jaschka gern macht, ist Fußballspielen, solange es ein Spiel bleibt, das Spaß macht, und nicht die Konkurrenz darum, wer der beste und schnellste ist, im Mittelpunkt steht.

Vom Schwimmen ist er auch begeistert. Gerade ist er dabei, sein Silberabzeichen zu machen. Wenn er keinen Köpper machen müsste, hätte er vielleicht schon längst Gold. Ihm ist unerklärlich, wer diese Art, ins Wasser zu springen, erfunden hat. „Kannst du mir vielleicht erklären, wofür man einen Köpper machen muss? Ich bin genauso schnell im Wasser, wenn ich Anlauf nehme und reinrenne", empört er sich. Aber an den Regeln lässt sich erst mal nichts ändern.

Ansonsten ist Mathe Jaschkas Lieblingsfach. „Ich bin ein Mathe-Ass", verrät er stolz. Und „Versöhnung machen", das kann er ebenfalls gut. Zwei seiner Freunde, die miteinander zerstritten waren, hat er dazu gebracht, dass sie nun wieder miteinander reden. „Allerdings zeigen sie es in der Schule nicht, dass sie wieder Freunde sind. Aber ich weiß es", erzählt Jaschka.

Für die Zukunft hat Jaschka Großes vor: „Ich habe ein Riesenprojekt in meinem Kopf", erzählt er. Eigentlich sind es sogar zwei. Entweder wird er einen Wald kaufen und ihn in ein Naturschutzgebiet umwandeln oder er geht nach Italien zur Küstenwache. „Ich würde gern Rettungsschwimmer sein und Leute vor dem Ertrinken retten. Ich hab das auch schon mit einem Freund von mir geübt – im Nichtschwimmerbecken."

Foto: privat, 1979

„... DA KOMME ICH NACH HAUSE
UND MEIN EIGENER VATER IST SCHWUL."

Marie (27)

Eine weiße Calla in einer Glasvase auf dem dunkel gewachsten Holzboden. Marie und ich sitzen uns im hell erleuchteten Wohnzimmer ihrer Altbauwohnung in Hamburg an einem großen Tisch gegenüber. Ein Tisch für festliche Abendessen zu zweit oder mit Freundinnen und Freunden. Zur Zeit sitzt Marie jedoch meistens zum Arbeiten hier, ein weißer Laptop steht da – Marie ist gerade dabei, ihre Magisterarbeit in Linguistik fertigzustellen. Das Thema: Kommunikation von Vätern mit ihren Kindern. „Das ist ein Thema, das mich schon länger beschäftigt und begleitet. Es ist eben mein Thema." Marie lächelt.

„Ich habe eine sehr, sehr schöne Kindheit gehabt", erzählt sie, „und ich habe mich zuhause bei meinem Vater sehr geborgen gefühlt." Marie ist 1977 geboren, ihre Eltern haben sich im Jahr zuvor kennen gelernt, bald darauf geheiratet und als Marie ein Jahr alt war, wieder getrennt. Undramatisch, aber dennoch mit großem Bedauern, wie Marie weiß. Sie selbst ist ein Wunschkind, ganz besonders das ihres Vaters. „Mein Vater hat sich immer schon ein Kind gewünscht, das war eines seiner zentralen Lebensziele und später gab es auch immer wieder Leute, die behauptet haben, er sei nur deswegen mit meiner Mutter zusammen gewesen." Marie schüttelt den Kopf, denn sie ist sich sicher, „auch wenn das vielleicht nur eine romantische Vorstellung ist, dass meine Eltern sich geliebt haben und dass sie mich deswegen gezeugt haben." Es ist für die Eltern keine Frage, dass die kleine Marie nach der Trennung beim Vater bleibt. „Das war für die beiden ganz klar, dass es mir bei meinem Vater besser geht, meine Mutter ist einfach nicht die Kinderfrau, ich glaube, sie kann nicht so gut mit Kindern, vielleicht später, wenn sie mit ihnen eine politische Debatte führen kann." Marie lacht. Und so wächst Marie liebevoll umsorgt und meistens wie eine Prinzessin verwöhnt bei ihrem Vater Johannes auf. Sie erinnert sich an Weihnachtswunschzettel, die sie geschrieben hat, und weiß noch genau, wie Johannes den Kopf hin- und herwiegte, als er sie las, und schließlich energisch sagte, das sei ja viel zu viel, was sie sich da alles wünsche. „Aber dann", sagte Marie mit einem schelmischen Lächeln, „hab ich doch immer alles bekommen."

„Ich war die absolute Nummer eins für ihn", sagt sie und ihre Augen blitzen. Und das bleibt sie auch dann, als Johannes zwei Jahre später Peter kennen lernt, die beiden sich ineinander verlieben und für die nächsten 14 Jahre ein Paar sind. „Ich weiß inzwischen von Peter, wie schwer das für ihn war, und dass er oft auch sehr eifersüchtig war auf mich." Die Beziehung von Marie und Johannes hat uneingeschränkt Priorität, sie ist im wahrsten Sinne des Wortes exklusiv – auch was die Erziehungsaufgaben betrifft: Johannes gedenkt nicht, sie mit Peter zu teilen. Peter ist zwar eine vertraute und nahe Bezugsperson für Marie, aber ganz sicher keiner, der das Recht hatte, ihr Vorschriften zu machen. Und Marie genießt das und weiß diesen Vorteil auszunutzen. Gibt es zum Beispiel Grünkohl mit Pinkel, ein Essen, das Marie hasst und zu dem Peter sie zu überreden versucht, es wenigstens mal zu probieren, „da musste ich nur meinen Vater anschauen, und der sagte dann: ‚Nein, du musst das nicht essen'."

Und natürlich liebt auch Marie ihren Vater über alles.

„Er war mein König und mein Gott", sagt sie „so hab ich das empfunden, damals."

Einen Riss bekommt diese innige Beziehung in einer Nacht. Marie ist elf. Sie kann nicht schlafen und läuft den langen Flur entlang, um aufs Klo zu gehen. „Da hörte ich plötzlich so merkwürdige Geräusche aus dem Schlafzimmer." Marie rennt entsetzt wieder in ihr Zimmer zurück, verkriecht sich unter der Bettdecke. „Ich war elf und ich wusste nicht, wie Sex sich anhört, aber irgendwie dachte ich, dass es nur das gewesen sein könnte." Und das, so schlussfolgert Marie, konnte dann wiederum nur bedeuten, dass ihr Vater schwul wäre. Niemals vorher hatte sie sich darüber Gedanken gemacht, niemand hatte jemals mit ihr darüber gesprochen oder es auch nur erwähnt. Dass Peter oft da war, na gut, dass er da schlief, war auch okay, schließlich übernachtete ihre beste Freundin ja auch bei ihr, aber dass die beiden nun schwul sein sollten – Marie fand den Gedanken unaussprechlich schrecklich.

Als Marie am nächsten Tag ihre Mutter anruft, überschlägt sich fast ihre Stimme: „‚Mama, ist Papa schwul?', habe ich sie gefragt." Die Mutter versucht sie zu beruhigen. „‚Aber das ändert doch nichts', hat sie gesagt und ich hab geschrieen: ‚Doch, das ändert alles!' und den Hörer auf die Gabel geworfen. Für mich ist erst mal eine Welt zusammengebrochen."

Marie muss sich erst einmal neu sortieren. Schwul, das kannte sie bisher eigentlich nur als Schimpfwort. „Wo ich doch eines der Kinder gewesen bin, die am lautesten ‚du schwule Sau!' gerufen haben, und da komme ich nach Hause und mein eigener Vater ist schwul."

Das Schlimmste dabei ist für Marie aber, dass sie sich betrogen, belogen und hintergangen fühlt, von Johannes, von Peter, von ihrer Mutter. Sie kapselt sich ab und verschließt sich Johannes' Angeboten, sich ihr zu erklären, mit ihr zu sprechen. „Ich hab dann gedacht: ‚Lass mich in Ruhe damit, nur weil du jetzt sprechen willst, muss ich es noch lange nicht wollen, du hattest die letzten elf Jahre dazu Zeit, ich lass nicht über meine Zeit bestimmen!'" Marie versucht alleine, immer wieder aufs neue die Puzzleteile zu einem stimmigen Ganzen zusammenzufügen. Wenn es angeblich nichts ändern sollte, wie die Mutter behauptete, dass Peter und Johannes schwul waren, weshalb wurde dann bisher nicht darüber gesprochen? Bedeutete nicht gerade die Tatsache, dass sie so ein Geheimnis daraus gemacht hatten, dass Schwulsein eben doch etwas Verwerfliches, Schlimmes war?

Heute weiß Marie, dass ihr Vater ihr nichts verheimlichen wollte, sondern dass er vielmehr befürchtete, zu viele Worte und Erklärungen könnten erst ein Problem erzeugen. „Er hat mir gesagt: ‚Mir haben andere immer wieder geraten, ich soll mit dir sprechen, aber für mich war's die beste Lösung, nicht mit dir zu sprechen und ganz normal damit umzugehen'." Marie findet, dass das durchaus miteinander vereinbar gewesen wäre: Hätte er nicht normal damit umgehen *und* mit ihr reden können?

Irgendwann haben sie dann geredet, Marie und Johannes, acht Stunden lang, in der Küche, und all das, was bisher ungesagt geblieben war, ausgesprochen. Auch die Frage, die für Marie immer wichtiger wurde, nämlich die Frage, wie sag ich das eigentlich meinen Freunden, wie soll ich mich ihnen gegenüber erklären? Für Marie war klar, dass sie nicht einfach „nein" antworten wollte, wenn sie gefragt würde, ob ihr Vater eine Freundin hat. „Das hat mein Vater nämlich so gemacht, wenn die ihn bei der Arbeit gefragt haben: ‚Haben Sie 'ne Freundin?', da hat er gesagt: ‚Nö!' Und damit war das Thema für ihn erledigt." Marie aber will keine Lügen und keine Halbwahrheiten sagen und auch keine ausweichenden Antworten geben. Johannes versucht, ihr mit Ratschlägen zu helfen, wo er doch selbst diesbezüglich „ein sehr, sehr privater Mensch war, er wollte schon auffallen, aber nicht durch seine Homosexualität, sondern durch seinen Charme, seinen Witz."

Die erste, der es Marie erzählt, ist ihre beste Freundin. „In der Nacht, bevor sie für ein Jahr nach Australien ging, hab ich es ihr offenbart." Mit Herzklopfen, wie sie es wohl aufnehmen würde. „Und dann hat sie nur gesagt: ‚Na endlich sagst du mir es, das war doch schon klar, das wussten doch alle! Der Freund von deinem Vater war doch überall mit dabei, bei der Einschulung, bei Geburtstagen, bei Klassenausflügen, im Schwimmbad!'" Marie war sprachlos – und erleichtert. Was alle wussten, brauchte man ja dann nicht mehr groß zu veröffentlichen, und: hätten sie es blöd gefunden, die, die es wussten, hätte sie das ja schon längst bemerkt. Marie kann sich auch nicht daran erinnern, jemals einen abfälligen Kommentar, einen blöden Spruch oder gar Hänseleien in Bezug auf das Schwulsein ihres Vaters gehört zu haben. Wohl aber daran, dass sie nun, wenn Witze über Schwule erzählt wurden, beginnt, vehement dagegen zu reden oder gar den Anführern einfach rigoros das Wort abzuschneiden. „Ich hab mich dann so richtig persönlich angegriffen gefühlt, na ja, und irgendwann wusste ich nicht mehr, geht's da um mich oder geht's da um ihn, geht's darum, dass mein Vater schwul ist, oder geht's darum, dass ich gerade merkte, dass ich auf Frauen stehe?" Was da als Möglichkeit in Marie zum ersten Mal auftaucht, braucht noch Zeit, sich zu entwickeln, zu reifen. Marie beginnt, sich als Frau in verschiedenen Rollen auszuprobieren, trägt raspelkurze Haare und schwarze, schwere Lederjacken und sieht in Johannes' Augen, wie er erschrickt, und sie genießt es, dass es ihr gelingt, ihm Angst einzujagen. „Nein!", gibt sie patzig zurück, als er sie fragt, ob sie sich in Frauen verliebe, „und wenn schon?" „Weil ich es mir nicht für dich wünsche", gesteht Johannes. Und er sagt ihr auch, warum. Marie erfährt, dass er eigentlich den Anspruch an sich gehabt hatte, eine heterosexuelle Beziehung zu leben und darin glücklich zu sein, dann feststellte, dass er es nicht war, sich trennte, im Grunde seines Herzens aber immer unglücklich darüber blieb, daran gescheitert zu sein. Trotz der sehr innigen und tiefen Bindung zu Peter. Für Marie, seine Tochter, ersehnt er sich, dass sie hundertprozentig mit ihrem Leben glücklich würde.

Marie lebt seit zwei Jahren mit Mona zusammen. Uneingeschränkt glücklich, wie sie lächelnd sagt. Doch das, was sie am meisten nervt und was sie verletzt, ist, wenn andere ihre Entscheidung, dass sie lesbisch lebt, darauf zurückführen, dass ihr Vater schwul ist. „Ich meine, es ist mein Leben und ich hab mich so entschieden, mir ist es egal, warum ich lesbisch bin. Auf Rückschlüsse, dass ich es wohl bin, weil mein Vater schwul war, habe ich keine Lust – und außerdem geht es ja nicht um eine Krankheit, die man geerbt hat."

Johannes hat nie erfahren, dass Marie sich eine Frau als Lebenspartnerin gewählt hat. Vor zehn Jahren, als Marie gerade 17 geworden ist, wird Johannes' und Maries Beziehung jäh beendet. In Spanien – Johannes, Peter und sie sind dorthin gefahren, um Urlaub zu machen – verunglückt das Taxi, das alle drei vom Flughafen zu ihrem gerade neu gekauften Appartement bringen sollte. Peter, Marie und auch der Taxifahrer haben nur leichte Verletzungen, Johannes dagegen wird so schwer verletzt, dass er daran stirbt. Die Bilder haben sich in Maries Gedächtnis eingebrannt. Sofort und unauslöschlich. Hellwach kann sie als einzige den Unfall detailgenau zu Protokoll geben. Tausende Male hat sie den Moment wieder und wieder erlebt. Ihre schlimmste Angst ist die, davon zu träumen. Was zum Glück nie passiert, bis heute nicht. Ihr Schmerz ist unermesslich und keiner da, der sie trösten kann, so wie sie es gebraucht hätte. Die Mutter kann es nicht und auch Peter nicht. „Nur der, der es gekonnt hätte, war eben nicht mehr da."

Es gibt Menschen, die ihr helfen, diese schwere Zeit, zu überstehen. Die Freundin ihres Halbbruders, die bei ihr einzieht und dazu beiträgt, die große Wohnung wieder mit neuem Leben zu füllen. Eine Lehrerin ihrer Schule, die eines Tages anruft und einfach fragt, wie es ihr denn gehe. „Und ich hab ihr von null auf hundert mein Leben erzählt." Sie wird für Marie eine wichtige Bezugsperson, ist Mutter, Therapeutin, Freundin zugleich. Sie ist da, wenn ihre Ängste kommen, zeigt ihr, wie sie sie bezwingen kann, und sie glaubt daran, dass Marie das Abitur bestehen wird.

Marie schafft es. Das Abitur und sich mit einem Leben ohne ihren geliebten Vater zu arrangieren.

Marie möchte unbedingt einmal Kinder. Eins oder am liebsten zwei. „Aber ein Projekt nach dem anderen", sagt sie und schielt nach dem Laptop. Erst muss sie noch das letzte Kapitel ihrer Magisterarbeit zu Ende schreiben. Und dann wird sie mit Mona in eine größere Wohnung hier im Viertel ziehen. Vielleicht danach.

Und wie wird sie ihrem Kind sagen, dass es zwei Mütter hat, die sich lieben? „Ich weiß nicht, wie ich das mal mache, aber bestimmt ein Stück offener, als es mein Vater getan hat."

Foto: privat, 1996

„Es wäre schon schön, wenn ich den kennen würde."

Manuel (11)

„Ich hab ihn!" Manuel dreht einen Backenzahn in seiner Hand und lacht. „Endlich ist er draußen." Wir sitzen im pflanzendominierten Wohnzimmer und Manuel rutscht ein wenig nervös auf seinem Stuhl hin und her. Der Elfjährige lebt seit acht Jahren mit seinen beiden Müttern Conny und Evi in einer Erdgeschosswohnung mit großzügigem Gartenanteil in einer Münchner Wohngegend. Zur Familie gehören außerdem Wuschel, das Kaninchen, und Blümchen, das Meerschweinchen.

Als Conny mit Manuel schwanger war, gab es eine andere Frau an ihrer Seite. Doch die Beziehung hielt nicht lange. So war Conny bald nach der Geburt alleinerziehend. Als Manuel zweieinhalb war, trat Evi in Connys Leben. In der ersten Zeit fiel es Manuel schwer, sich an die neue Situation zu gewöhnen. Warum musste er Conny plötzlich mit jemandem teilen? Aber Evi blieb dran und nach einem halben Jahr, in

Manuel (11)

dem sie regelmäßig auf Manuel aufpasste, hatten sie es geschafft: Die Familie war zusammengewachsen.

Beiden Frauen war es ein großes Bedürfnis, mit einer Zeremonie ihre Partnerschaft zu besiegeln. So ließ das Paar sich bereits nach einem Jahr kirchlich segnen.

Ich gehe mit Manuel in sein Zimmer. Auf dem Fensterbrett stehen Pflanzen und in der Ecke liegen mehrere Fußbälle. „Ja, am liebsten spiele ich Fußball. Ich trainiere zweimal die Woche im Verein." Manuel würde gern Profifußballer werden, aber Bankier könnte er sich auch vorstellen. Ich hake nach – Bankier ist ja doch kein alltäglicher Berufswunsch. „Also im Rechnen bin ich schon gut, nicht mit Sachen wie Quadrat oder Flächeninhalt, aber 99 x 99 kann ich gut ausrechnen."

Manuel geht in die 5. Klasse Gymnasium. Dort spricht er über seine Familie nur, wenn er gefragt wird. Das kommt aber sehr selten vor. Auch im Unterricht kam das Thema „Familie" noch nicht zur Sprache. „Also unsere Lehrerin weiß auch nicht, dass ich zwei Mütter habe. Und mich hat eigentlich auch noch niemand gefragt. Mich würde es nicht sehr stören, wenn sie es wüssten – wenn sie mich nicht ärgern würden. Das tun sie nicht, denn sie wissen es ja auch nicht."

Mit seinen derzeitigen Freunden redet Manuel auch nicht über seine Familienkonstellation. Dennoch geht er davon aus, dass alle „es" wissen. „Die kommen ja öfters zu Besuch, und da haben sie ja auch die Evi gesehen. Mittlerweile dürften sie eigentlich schon wissen, dass ich zwei Mütter habe."

Manuel sitzt auf seinem Hochbett. Als ich ihn nach seiner Entstehungsgeschichte frage, wird er ganz ernst. „Die Conny hat mir gesagt, ich bin ein Samenspenderkind. Ich weiß nicht mehr genau, wo sie da hingegangen ist. Da hat sie Sperma von einem Mann gekauft." Manuel erzählt die Geschichte ganz routiniert. Als ich nach dem Spender frage, wird deutlich, dass er gerne etwas über seinen biologischen Vater wüsste. „Nein, ich weiß nichts über ihn. Es wäre schon schön, wenn ich den kennen würde, aber es ist eigentlich schon okay, dass ich ihn nicht kenne."

Macht Manuel einen Unterschied zwischen Conny und Evi? „Also der Conny vertraue ich meistens meine Geheimnisse an, und mit der Evi spreche ich ganz normal, der sag ich die Geheimnisse nicht so oft. Unternehmungen mache ich mit beiden gleich. Ich finde sie eigentlich perfekt, so wie sie sind."

Manuel fände es gut, wenn Evi ihn als zweite Mutter adoptieren würde. Beim Thema Hochzeit ist er nicht so begeistert. „Ich würde es nicht schlimm finden, ich möchte nur meinen Nachnamen behalten." Ein großes Fest? Wäre schon okay. Aber einladen möchte er von seinen Freunden niemanden. „Wenn dann die Leute kommen und die alles scheiße finden und dann über mich schimpfen, das wäre nicht so gut."

Zu Manuels erweiterten Familie gehören neben Oma, Opa, Onkel und Tante noch seine Patinnen – auch ein Lesbenpaar. Manuel findet es sehr schade, dass die beiden Frauen so weit entfernt wohnen, und ist enttäuscht, dass sie sich zur Zeit nicht melden. Am liebsten würde er öfter zu ihnen fahren. Aber sie haben sich schon so lange nicht mehr gesehen, dass er sogar ihre Namen vergessen hat.

Was wäre Manuel gern für ein Tier? „Ich finde es toll, wie die Kaninchen, die frei auf Feldern leben, sich Löcher graben, in denen sie dann geschützt sind. Und duschen müsste ich auch nicht."

Foto: privat, 1991

„Es ist wie ein Viereck, wo eine Ecke fehlt."

Esther (18)

Als erstes fallen mir Esthers Sommersprossen auf – und dann ihre lustig blitzenden Augen. Es liegt noch Schnee im schwäbischen Aalen, als ich dort ankomme, aber man ahnt schon einen Hauch von Frühling in der Luft.

Wir stapfen vom Bahnhof einen Hügel hinauf, um zu Esthers Zuhause zu gelangen, einer großzügigen Wohnung in einem alten, gemütlichen Haus. Esther lebt hier mit ihrer Mutter Margot und deren Partnerin Petra. Die schlaksige 18-Jährige hat ihre Haare zurückgesteckt, sie trägt Jeans und einen lockeren Pullover. Wir gehen ins Wohnzimmer, die Dielen knarren, und Esther macht es sich auf dem Sofa bequem.

„Ich weiß gar nicht, wo mir der Kopf steht – gestern habe ich die Führerscheinprüfung bestanden, und dass ich gerade 18 geworden bin, realisiere ich auch noch nicht so ganz", erklärt mir Esther ganz außer Atem. Sie hat gerade Urlaub – wohlverdient, hatte sie doch ausgerechnet an ihrem Geburtstag ihre Zwischenprüfung. Esther hat damit die Hälfte ihrer Ausbildung zur Buchhändlerin hinter sich. „Gott sei Dank", seufzt sie, „es macht schon Spaß, aber ist auch total anstrengend. Jeden Tag erst um sieben heimkommen und samstags auch arbeiten, das schlaucht schon ziemlich."

Esther ist in ihrem Leben schon ganz schön viel herumgekommen. Auf vier Umzüge kann sie bereits zurückblicken, wobei sie sich an die ersten beiden nicht erinnern kann. Geboren ist sie in Hessen, aber schon nach einem halben Jahr zieht sie mit Mutter und Vater in einen kleinen Ort in Niederbayern. Dort wird ein Jahr später ihr Bruder David (siehe Seite 61) geboren.

Esther ist fünf, als die Eltern sich mehr oder weniger einvernehmlich trennen. Ein weiterer Umzug steht an – in eine Nachbargemeinde. „Wir hatten ein ganz süßes Häuschen, und als ich acht war, haben wir von meiner Tante einen Hund gekriegt, das war schön."

Zwei Jahre später beschließt Esthers Mutter Margot, eine Ausbildung zur Physiotherapeutin zu machen. Deshalb zieht sie mit Esther und David ein weiteres Mal um.

„Diesen Umzug haben wir nicht wirklich mitgekriegt, da war ich mit Papa und David im Urlaub. Wir sind zurückgekommen und dann waren die ersten Möbel schon dort, das war spannend."

In der Ausbildung lernt Margot Petra kennen. Die beiden Frauen verlieben sich ineinander. Einige Zeit später, Esther war elf oder zwölf, gibt es dazu ein erstes Gespräch zwischen Mutter und Tochter. „Ich kam gerade von einem Schulausflug heim – witzigerweise mussten wir an genau diesem Tag durch eine Christopher-Street-Day-Parade laufen – und da hat sie mir dann erzählt, dass sie eine Freundin hat. Das war hart. Mir blieb total der Mund offen stehen und ich konnte das überhaupt nicht begreifen. Plötzlich sind tausend Bilder vorbeigeströmt, was man so von Film und Fernsehen und von anderen Leuten gehört hat. Ich habe dann auch ziemlich heulen müssen, klar."

Zunächst bleibt Margots Lesbischsein innerhalb der engen Familie, aber nach und nach weiht Margot immer mehr Mitglieder ihrer weitverzweigten Familie ein, für Esther eine Erleichterung. Wenigstens ist sie mit ihrem Wissen darum nicht allein. Ab und zu spricht sie auch mit einer Tante oder einem Onkel darüber. Aber ihr Bedürfnis, darüber mit Familienangehörigen zu reden, ist begrenzt. Erst mal will Esther alleine damit klarkommen.

Während dieser Zeit besucht Esther eine katholische Realschule. Aus Angst vor Schwierigkeiten bittet Margot ihre Tochter, in der

Schule nichts zu sagen. Esther findet es anstrengend, ihren Freundinnen gegenüber nichts zu erwähnen. „Eines Abends hatten wir eine Party und da habe ich es dann meinen Freundinnen gesagt, und das war gut. Sie waren zwar nicht begeistert, sondern total baff, aber wenigstens haben sie mich in den Arm genommen und getröstet."

Esther und Petra, die neue Freundin der Mutter, verstehen sich anfangs überhaupt nicht. Für Esther ist es zwar schön zu sehen, wie ihre Mutter aufblüht, aber gleichzeitig befürchtet sie, dass Petra ihr ihre Mutter wegnimmt. „Ich weiß noch, dass ich die Mama schon lange nicht mehr so glücklich erlebt habe, aber am Anfang war alles ein richtiger Kampf."

Einige Zeit später eröffnet Margot ihren Kindern, dass sie erneut umziehen werden. Für Esther war das ein Schock. „Als Mama gesagt hat, wir ziehen um, damit Petra auch bei uns leben kann, da ist bei mir der Vogel raus. Ich hab gedacht, ich spinne. Will ich das? Nein. Aber ich durfte mir wenigstens das Zimmer aussuchen."

Die neue Lebenssituation in Aalen ist anfänglich schwierig für Esther. „Ich hatte immer das Gefühl, die Petra beeinflusst die Mama total. Durch sie kamen riesige Umschwünge. Plötzlich gab es einen Haushaltsplan, lauter neue Regeln, und der David und ich haben oft über die beiden hergezogen, was sie sich nun wieder Neues ausgedacht haben."

Trotz aller Schwierigkeiten sieht Esther, wie sehr sich ihre Mutter von Anfang an bemüht, allen Beteiligten gerecht zu werden. „Die Mama war die Station, von der eine Leitung zu Petra und die andere Leitung zu uns ging. Es war nicht so, dass wir plötzlich aufs Abstellgleis geschoben worden sind. Aber zerreißen konnte sie sich ja auch nicht."

Esther erlebt Margots und Petras Beziehung als sehr intensiv. Die beiden Frauen reden viel miteinander und manchmal fühlt sich Esther ausgeschlossen. Die Mutter ist ihr vertraut, eine eher weiche Frau, und dann kommt Petra, die so ganz anders ist – kritisch, pragmatisch, direkt und manchmal auch hart. „Diese Bindung zwischen Mama, David und mir, wir waren ja eingeschworen und fünf Jahre wirklich sehr eng. Und dann kam da jemand und hat sich mitten in unser Leben gestellt."

Als Esther 16 ist, beschließt David, zum Vater zu ziehen – für Esther eine völlig überraschende Wendung. „Zwischen der Mama und dem David ging es nicht mehr gut. Irgendwann kamen die beiden dann auf die Idee mit dem Umzug, und ich war erst mal total vor den Kopf gestoßen, weil ich ja dann alleine war. Mein Bruder und ich haben uns viel gestritten, klar, aber wir waren ein Team. Ich habe Rotz und Wasser geheult."

Im Nachhinein findet Esther diesen Schritt eine „super Idee". Sie, die früher ein eher schlechtes Verhältnis zu ihrem Vater hatte – („Ich wollte da nie hin, meine Mutter musste mich oft zwingen") -, versteht sich seither viel besser mit ihm. Zum einen ist der Vater nach Bamberg gezogen, also in eine vergleichsweise große Stadt. Zum anderen hat er sich durch das Zusammenleben mit David verändert, ist offener und flexibler geworden.

Wie er zum Lesbischsein von Esthers Mutter steht? „Er weiß es nicht. Also unterbewusst weiß er es sicher, aber bewusst nicht. Wahrscheinlich will er es nicht wissen. Für mich ist das kein Problem. Papa und Mama, das ist jeweils eine andere Welt, das hat für mich nie etwas miteinander zu tun gehabt."

Heute sieht Esther ihre Wohnsituation als eine Art Wohngemeinschaft mit Anspruch. „Ich lebe seit fünf Jahren in dieser WG, wir setzen uns auseinander, Tag für Tag, und Mama fördert dieses Reden miteinander sehr. Das ist auch gut. Heute verstehen Petra und ich uns auch viel besser als früher. Ich weiß nicht, wo wir ohne Petra wären. Sie kann sehr schnell reflektieren und sieht manche Sachen, wo wir total blind davor stehen, zum Beispiel so Verknüpfungen innerhalb von Mamas großer Familie und so was."

Trotzdem: Petra ist auch nach fünf Jahren keine Freundin für Esther. „Nein, das passt überhaupt nicht. Wobei ich nicht sagen möchte, dass ich sie nicht mag. Und eine zweite Mutter ist sie auch nicht. Ich habe eine Mutter, und Petra, ja, sie ist da, sie lebt mit uns."

Wie sehr Esther ihre Mutter liebt und respektiert, das ist immer wieder im Gespräch zu spüren. „Mama war früher ziemlich brav. Sie hat jetzt total Power, sprudelnde Ideen und ist wahnsinnig kreativ. Das war damals sehr gedämpft. So wie sie heute ist, ist sie total ehrlich, manchmal kindisch, manchmal schlecht drauf, nicht mehr so angepasst. Das ist Petra zu verdanken, auch wenn ich mir das zähneknirschend eingestehen muss."

Ihre Mutter ist für Esther ein Vorbild. Dass über alles geredet wird, Gefühle nicht weggesteckt werden und auch mal Kritik geäußert und angenommen werden kann, das sind Fähigkeiten, die Esther von ihr gelernt hat. „Sie hat mich weich gehalten, wenn man das so sagen kann. Und sie hat mich zur Selbständigkeit erzogen. Dafür bin ich ihr sehr dankbar."

Sagen können, was sie braucht, das kommt Esther auch in ihrer Ausbildung sehr zugute. „Vieles ist Mamas Anregung, aber machen muss ich es dann schon selber. Zur Zeit steht ein Gespräch mit meiner Chefin an, weil ich das Gefühl habe, mal wieder mehr Theorie zu brauchen. Praxis habe ich gerade genug. Der Kundenkontakt ist doch recht intensiv."

Esther empfindet ihre Familie als sehr lebendig, manchmal auch stressig, aber auf jeden Fall „anders als andere Familien". Aber eigentlich sieht sie Margot, Petra und sich gar nicht als Familie. „Ich finde, wir sind keine Familie, auch wenn ich es gerne hätte. Mein Bruder fehlt. Und mit Petra passt es nicht so ganz. Es ist wie ein Viereck, wo eine Ecke fehlt. Aber wie es ist, ist es schon gut." Esther hat sich an ihre Art der Familie gewöhnt.

Was sie vermisst? „Ich habe noch nie eine funktionierende Beziehung zwischen Mann und Frau erlebt, Oma und Opa, o je, Tanten und Onkel auch nicht. Ich suche eigentlich eine Beziehung, die auch so klar ist, wie die zwischen Mama und Petra. Ich weiß nicht, ob das geht zwischen Mann und Frau."

Ein Zusammenleben mit einem Mann kann sich Esther nicht wirklich vorstellen. „Ich habe keine Ahnung, wie Männer essen, trinken, schlafen – alles." Auch Esthers Vater ist für Fragen zum „Wesen des Mannes" gänzlich ungeeignet. „Mein Vater hat nie eine wirkliche Vaterrolle übernommen. Das musste ich mir einfordern, dass er einfach mal anruft und fragt, wie es mir geht." Und was ist mit Esthers Bruder? „Der David war so viele Jahre in einer Frauengemeinschaft, der ist sehr, sehr nicht-männlich."

Als ich Esther frage, wie es für sie wäre, wenn ihre Mutter und Petra heiraten würden, wird sie zögerlich. Eigentlich ist Hochzeit etwas zwischen Mann und Frau, findet sie. Und sie ergänzt: „Es wäre dann offiziell, ein Cut zwischen normalem Leben und nicht normalem. Ich würde hingehen, aber ich müsste mutig sein. Es wird sich nicht viel verändern, aber es ist ein Abschied von meiner Mutter und von meinem Wunsch, dass sie eventuell noch mal mit einem Mann zusammenkommt. Wobei ich eigentlich genau weiß, dass es nicht so ist."

Ich möchte gerne wissen, was Esther in ihrem Leben auf die Palme bringt. Da kommt es ganz ungebremst aus ihr heraus: „Dass die Petra die ganze Zeit an irgendetwas was auszusetzen hat, das ist so absolut gegen meine Natur. Oder dass Mama zu allem ihren Kommentar

Esther (18)

ablassen muss, das regt mich auch auf. Dass mein Bruder ab und zu so empfindlich ist und ich selbst – ja, ich wäre manchmal gerne mutiger."

Esther fände es schön, wenn sie andere Jugendliche mit lesbischen oder schwulen Eltern kennen würde. „Es wäre eine Erleichterung, wenn ich mich einfach austauschen könnte, wie der Anfang war und wie man sich auseinandersetzen muss. Gerade in der Zeit, in der man sich einerseits versucht abzunabeln und andererseits noch Vorbilder braucht, an die man sich hängen kann."

Heute fällt es Esther viel leichter, darüber zu sprechen, dass sie eine lesbische Mutter hat. Dennoch wählt sie genau aus, wem sie was erzählt. „Meine beste Freundin weiß es natürlich. Aber zum Beispiel in meiner Arbeit hat das nichts zu suchen."

Wenn jemand etwas Unangebrachtes über Homosexuelle sagt oder schreibt, dann wird Esther sauer. In der Öffentlichkeit verteidigt Esther Lesben und Schwule vehement. Dazu muss sie nicht unbedingt mit der Tatsache herausrücken, dass sie als Tochter einer lesbischen Mutter irgendwie dazugehört.

Das scheint für Esther auch das kleinere Problem zu sein. Weit mehr sorgt sie sich darum, ob sie eventuell selbst lesbisch werden könnte. „Ich glaube, dass ich zumindest jetzt noch auf Jungs stehe, aber ich habe ziemlich Angst davor, lesbisch zu werden. Irgendwas habe ich sicher mitgekriegt, eine Prägung sozusagen. Und ich sehe, dass es funktioniert – vielleicht sogar besser als eine heterosexuelle Beziehung. Ich hätte im Moment nicht den Mut, dazu zu stehen, wenn es denn so wäre. Dadurch, dass meine Mutter lesbisch ist, versuche ich schon, so normal wie möglich zu sein – eben unauffällig."

In fünf Jahren ist Esther 23. Wo sieht sie sich? „Ich möchte alleine wohnen oder in einer WG. Auf jeden Fall hier weg, in eine große Stadt. Vielleicht ins Ausland. Ich hoffe, dass ich lebensfroh und energiegeladen bin und mich traue, ein wenig zu experimentieren – da freue ich mich drauf."

Esthers derzeitiges Lieblingsbuch heißt übrigens *Der Zeitreisende*.

Foto: privat, 1994

„Im Prinzip lebe ich zwei verschiedene Lebensweisen."

David (16)

„Also bis halb sieben habe ich Zeit, dann gehe ich ins Theater und schaue mir den *Faust* an – ich hab nämlich ein Schüler-Abo", erklärt mir David auf dem Weg zu einem ruhigen Bamberger Café, in dem wir unser Gespräch führen wollen. Überhaupt ist der 16-Jährige kulturell interessiert, besucht Konzerte und geht ab und zu in die Oper. Er spielt Klavier, singt im Chor und würde am liebsten auch noch E-Bass oder E-Gitarre spielen. David wirkt ernsthaft und konzentriert, nichts scheint ihn so richtig aus der Ruhe zu bringen.

Doch als er vor fast zwei Jahren in seine neue Klasse kommt, muss er erst mal den Clown spielen, um so seine Unsicherheit zu überspielen. „Ich habe niemanden gekannt und deshalb den Hampelmann gemacht. Erst als ich die Julia, meine Klassenkameradin, besser kennen gelernt habe, wurde das besser. Wir haben uns sozusagen gegenseitig entlarvt, dass wir nur eine Rolle spielen. Und dann konnten wir irgendwann damit aufhören."

Mittlerweile hat David seinen Platz in der Schule gefunden.

David ist der Bruder von Esther (siehe Seite 55). Bis vor zwei Jahren hat er mit ihr, seiner Mutter Margot und deren Partnerin Petra in Aalen zusammengelebt. Dann zog er zu seinem Vater nach Bamberg. Dort besucht er derzeit die 10. Klasse eines neusprachlichen Gymnasiums.

David kann sich noch gut an die Zeit erinnern, als die Liebesbeziehung zwischen seiner Mutter und Petra begann, da war er etwa zehn Jahre alt. Für ihn war das etwas Neues. „Als die beiden dann zusammengezogen sind, war das natürlich schon noch mal anders. Und wie ich dann mitgekriegt habe, dass meine Mutter eine Frau geküsst hat, das fand ich doch seltsam. Aber ich hab es recht früh akzeptiert, und dann war ja unser Vermieter auch schwul, und das fand ich immer ganz nett."

Zu Beginn gestaltet sich das Zusammenleben jedoch recht schwierig. Denn David, der sich, was Hausarbeit angeht, als eher schlampig bezeichnet, kommt mit Petras konfrontativer Art nicht klar. „Sie hat für diese Hausarbeiten einen genauen Blick, ist sehr offen und direkt und nicht so nachgiebig wie meine Mutter. Aber mittlerweile ist das wirklich super. Ich schätze Petra sehr und kann ihre Kritik jetzt eher annehmen. Natürlich hat es sich auch entspannt, seit ich ausgezogen bin."

Diesem Auszug geht Einiges voraus. „Ja, es gab eine Zeit, da war es schwierig mit meiner Mutter. Einen Riesenzoff gab es, als sie eine größere Menge Alkohol in meinem Schrank gefunden hat. Ich wollte den Stoff irgendwann mit meinem besten Freund trinken. War eine Scheiß-Idee." Zur Strafe verdonnert ihn seine Mutter dazu, einen Sitzhocker zu fertigen, für David eine richtig harte Strafe. „Ich habe es abgöttisch gehasst, mit Holz zu arbeiten, so schleifen und so. Aber ich hab's gemacht, es gab ja kein Entrinnen."

Die Idee, dass David auszieht, gab es allerdings schon etwas länger. Davids Mutter war der Auffassung, dass ihr Sohn mehr männliche Vorbilder und Ansprechpartner zur Verfügung haben sollte. Der Gedanke an ein Jungeninternat kam auf, wurde aber sofort von David wieder verworfen. „Und dann war da die Frage: ‚Warum nicht zum Papa' und da habe ich gedacht: ‚Ja, warum eigentlich nicht?', er hat ja bis jetzt noch nichts zu meiner Erziehung geleistet. Und in eine größere Stadt wollte ich auch."

David wäre übrigens nie von selbst auf die Idee gekommen, zu seinem Vater zu ziehen. Er betont, dass die Initiative dafür eindeutig von seiner Mutter ausging.

Im Nachhinein findet er, dass der Umzug eine gute Idee war, wenn auch zu Beginn unklar ist, wohin sich dieses Experiment entwickeln würde. Die ersten Monate sind noch ganz entspannt, fast wie eine Art Ferienaufenthalt, aber als der Alltag Vater und Sohn einholt, herrscht ziemliche Sprachlosigkeit zwischen den beiden. „Mein Vater hatte von Pubertätsschwierigkeiten nur wenig Ahnung. Er hat es sich wahrscheinlich leichter mit mir vorgestellt. Ich bin ja auch manchmal der ruhige Typ, aber eben nicht immer." Die Wende tritt ein, als David und sein Vater zu einem gemeinsamen Sprachurlaub nach Italien aufbrechen. Seither können die beiden ganz offen miteinander reden. So haben sie sich über das gemeinsame Erlernen einer Fremdsprache eine Brücke zueinander gebaut.

Alle drei Wochen verbringt David ein Wochenende mit seiner anderen Familie in Aalen. David überlegt kurz. „Wobei ich eigentlich nicht von zwei verschiedenen Familien reden kann. Doch im Prinzip lebe ich zwei Lebensweisen, und zu verschiedenen Sachen frag ich meinen Vater und dann meine Mutter, und so habe ich zwei Sichtweisen." David muss lächeln, als er beschreibt, dass er bei seiner Mutter lockerer ist als bei seinem Vater, wo er viel liest und mehr seine ernste und ruhige Seite lebt, „weil er es auch so erwartet." Lesestoff hat David genug, bekommt er doch regelmäßig Leseexemplare von seiner Schwester, die gerade eine Ausbildung zur Buchhändlerin macht.

Lange Zeit behielt David die Tatsache, eine lesbische Mutter zu haben, für sich. Seit er in Bamberg lebt, geht er damit offener um. „Hier kennt man ja meine Mutter nicht, deshalb wissen es jetzt in meiner Klasse schon mehrere." Welche Bedeutung das Thema heute hat? „Es ist ein außergewöhnliches Detail in meinem Leben. Aber wichtig? Meine Mutter ist halt lesbisch, das ist einfach so."

Zu seiner eigenen Lebensform gibt es für David durchaus Fragen: „Ich habe mir oft überlegt, ob ich jetzt homosexuell bin oder nicht, aber es ist doch Blödsinn, warum sollte ich dadurch, dass meine Mutter lesbisch ist, plötzlich schwul werden?" David schüttelt den Kopf und findet diesen Gedanken abwegig.

Dass seine Mutter und Petra eventuell irgendwann heiraten wollen, findet David klasse. Er würde auch Blumen streuen – „natürlich". Überhaupt spricht er sehr wohlwollend über die Beziehung zwischen

Margot und Petra. Und wie die beiden miteinander umgehen, das gefällt ihm auch. „Ich finde es gut, dass die beiden so viel und offen miteinander reden. Das Reden über alles hat mir meine Mutter stark anerzogen."

Überhaupt ist David mit der „Erziehungsleistung" seiner Mutter sehr zufrieden. „Sie ist eine sehr gute Mutter. Sie und Petra haben uns gut erzogen, die Regeln, die gewisse Strenge und immer ist die Mama als Ansprechpartner verfügbar. Natürlich hat sie auch Strafen ausgesprochen, aber die waren immer angemessen. Und Petra hat mit ihren Anmerkungen meinen Blick geschärft, was ich verbessern könnte."

Rückblickend findet David allerdings, dass seine Mutter früher, in der Grundschulzeit, übervorsichtig war und ihm körperlich zu wenig zugetraut hat. Deshalb, so glaubt er, hatte er im Sportunterricht viel Angst. „Ich war lange Zeit ein Sensibelchen." Heute treibt David viel Sport, und als er mir erzählt, dass er gerade zum ersten Mal in Sport eine Eins bekommen hat, leuchten seine Augen.

David ist froh, dass sein Vater damals wenig zu sagen hatte. Er, der streng war und ein sehr konservatives Weltbild noch heute hat, hätte ihm nie so viele Freiheiten wie seine Mutter gelassen. Gibt es etwas, was David von seinem Vater hat? Ist er ihm ein Vorbild? Der 16-Jährige schmunzelt: „Eine gewisse arrogante Ader, die habe ich eindeutig von ihm. Und ich kann mich gut bei öffentlichen Stellen beschweren." David diskutiert mit seinem Vater viel über Politik. Dabei sind sich Vater und Sohn häufig nicht einig. „Ja, ich würde mich als Grünen-Sympathisant bezeichnen, das ist mein Vater nicht gerade." David ist seinem Vater dankbar, dass er in ihm das Interesse für klassische Musik geweckt hat. „Außerdem ist er großzügig und lässt mir relativ viel Spielraum. Und überhaupt ist er sehr viel umgänglicher geworden als früher."

Im Haushalt von Vater und Sohn herrschen klare Regeln. Neben der Erledigung der Hausaufgaben muss David regelmäßig Klavier üben und wenn er weggeht, gibt es klare Absprachen, wann er zu Hause sein muss, am Wochenende spätestens um Mitternacht, während der Woche um zehn Uhr.

David geht davon aus, dass sein Vater von der Beziehung zwischen seiner Mutter und Petra nichts weiß. „Er will es wahrscheinlich nicht wissen, denn sonst müsste er eigentlich wegen seiner Weltanschauung fast den Kontakt zu meiner Mutter abbrechen." David spricht in der Regel mit seinem Vater nicht über die Mutter, deshalb fällt es ihm leicht, auch dieses Thema auszusparen. „Ich könnte es ihm schon sagen, wenn ich das Bedürfnis hätte, auch von meiner Mutter aus, aber irgendwie bin ich auch daran gewöhnt. Früher habe ich es ja länger nicht gesagt, auch um meine Mutter zu schützen." So bezeichnete David Petra lange Zeit als Untermieterin und dann als Freundin, die eben mit ihnen zusammenwohnt.

In seiner Klasse hat David viele Freundinnen und Freunde, wobei er feststellt, dass er mit Mädchen leichter zurecht kommt. Er glaubt, dass dies mit seinem Aufwachsen in einer Frauenfamilie zu tun haben könnte. „Vielleicht kommt es daher, dass ich meine komplette Kindheit, also 14 Jahre, nur mit Frauen verbracht habe. Das prägt schon. Und wenn ich jetzt mit jemandem spreche, dann sind es eben Mädchen, meine Schwester oder meine Mutter."

David lacht und trinkt seinen Milchkaffee aus. „Ich muss jetzt los, der *Faust* fängt gleich an", sagt er noch schnell, bevor er sich auf sein Fahrrad schwingt. Und schon ist er weg.

„Ich glaube nicht, dass es da eine Genverbindung gibt."

Till (12)

Till hat eine ziemlich große Familie. Wenn also jemand ihm gegenüber auftrumpfen will, muss der oder die andere sich schon etwas einfallen lassen. Nicht so wie der Junge, mit dem sich Till neulich gestritten hat und der schließlich damit angeben wollte, dass seine Eltern beide arbeiten gehen. Damit konnte er Till nun wirklich nicht beeindrucken. Der entgegnete nämlich knapp: „Weißt du, ich habe vier Eltern und die arbeiten alle vier."

Seine vier Eltern, das sind Elke und José, seine beiden Mütter, außerdem Thomas, sein Vater, und Brigitte, die Lebensgefährtin von Thomas. Wenn man dann noch jeweils die Verwandten mitzählt, Josés Familie aus Holland, die Onkels und Tanten, Cousinen und Cousins von Thomas und Elkes Familie hier in und um Wetzlar und die von Brigitte im Spessart, dann kommt schon eine ganz beachtliche Zahl zusammen. „Auf jeden Fall kriegt man bei so einer großen Familie viel mehr Geschenke, als wenn man nur zwei Eltern hätte", meint Till. Dazu kommt noch, dass Till sechs Geschwister hat: Gianna, Tom, Ben, Torsten, Nicole und Martina*. Sie sind zwischen sechs und 18 Jahre alt und leben mit Thomas, dem Vater, im Albert-Schweitzer-Kinderdorf. Dort wohnen zwischen 30 und 40 Kinder, die aus unterschiedlichen Gründen nicht bei ihren eigenen Eltern leben können, in sechs Familiengruppen zusammen. Thomas arbeitet als Sozialpädagoge dort und ist „Kinderdorfvater" in einer dieser Familien. Brigitte, die Freundin des Vaters, lebt wie Till nicht ständig im Kinderdorf, beide haben aber in dem Haus der Großfamilie wie alle anderen ein eigenes Zimmer.

„Ich habe da innerhalb der Kinderdorffamilie keine andere Stellung", erzählt Till, „ich bin da niemand besonderes, sondern werde da behandelt wie eins der anderen Kinder. Ich habe Dienst wie sie, muss die Spülmaschine ausräumen oder den Tisch decken. Ich bin nur wie die großen, die erst spät von der Arbeit kommen, meistens nicht zum Mittagessen da." Till findet das toll, dass er jede zweite Woche, wenn er bei seinem Vater lebt, mit so vielen Kindern ein riesiges Gelände zum Spielen zur Verfügung hat. Es gibt den Dorfplatz und den nahen Wald. „Im Kinderdorf ist eben immer was los", sagt Till.

Sein anderes Zuhause ist bei seinen Müttern Elke und José. Sie wohnen eine gute Viertelstunde vom Kinderdorf entfernt in einem gerade neu ausgebauten Haus, direkt neben seiner Oma, der Mutter von Elke. Das findet Till besonders klasse, denn seine Oma mag er gern und oft geht er direkt nach der Schule bei ihr vorbei, hält ein Schwätzchen oder spielt eine Runde Rommé mit ihr. Auch seine Cousinen und Cousins wohnen alle ganz in der Nähe, in Rollerentfernung. Das ist der Vorteil zu der früheren Wohnung, in der er mit Elke und José gewohnt hat, „da musste man überall mit dem Auto hinfahren und jetzt kann ich selbst losziehen."

Silberne Buchstaben auf weißem, glänzendem Hintergrund.

Just married steht auf dem Schild. Es hängt draußen neben der Haustür und zeugt davon, dass vor ein paar Wochen, kurz vor Weihnachten nämlich, ein Fest gefeiert wurde. Da haben seine Mütter geheiratet. Till war natürlich mit dabei. Er zeigt mir sein schickes dunkelrotes Seidenhemd, das er an diesem Tag getragen hat. „Wir hatten alle eine Rose im Knopfloch und dann sind wir zum Rathaus gegangen", erzählt Till. Zu einer Beamtin, für die es eine ganz neue Erfahrung war, ein Frauenpaar zu trauen. „Die war ganz aufgeregt, weil sie so was noch

---

*Die Namen wurden aus datenschutzrechtlichen Gründen geändert.

nicht so oft gemacht hat." Till hat das ganz genau beobachtet. Natürlich war er selbst auch aufgeregt, das Brautpaar ohnehin, nur die Trauzeugen vielleicht etwas weniger. Elkes Trauzeuge war übrigens Tills Vater. Somit waren seine Eltern an diesem Tag fast vollständig versammelt. Die Oma überraschte die kleine Hochzeitsgesellschaft nach dem Menü im Hotelrestaurant damit, dass sie die Rechnung schon im Voraus bezahlt hatte. „Dabei war es so, dass die Elke einen Witz machen wollte. Sie hat nämlich zu dem Kellner gesagt: ‚Wir haben doch schon bezahlt, gell?' und hat sich gewundert, dass der Kellner nur ja gesagt hat. Und als Elke und José dann nach der Rechnung gefragt haben, hat der Kellner gesagt, dass die Oma schon bezahlt hat".

Im neuen Haus, ganz oben unter dem Dach, ist Tills Zimmer. Gelbe Wände, blaue Möbel, ein sehr schicker Computer in Silbermetallic auf dem Schreibtisch. „Den hab ich zu Weihnachten bekommen", erzählt er stolz, „es ist der alte von Elke und José, die haben sich gerade einen neuen *XP* gekauft." Er beschäftigt sich gerne damit, auf dem Computer etwas zu gestalten, und wenn er mal nicht weiter weiß, kann ihm mit Sicherheit Elke helfen. „Die kennt sich total gut mit dem Computer aus", erzählt er. Mit José spielt er gerne stundenlang seine Lieblingsgesellschaftsspiele *Siedler von Catan* oder *Zug um Zug*. Natürlich ist gewinnen schöner als verlieren, was für eine Frage, vor allem, wenn José ganz knapp vor ihm das Spiel beendet, das ärgert ihn durchaus. Aber meistens gönnt Till es seiner Gegnerin, wenn sie gewinnt – sofern es nicht zu oft vorkommt. Till ist nämlich außerordentlich diplomatisch und er hat ein hohes Gerechtigkeitsempfinden.

Deshalb ja will er auch einmal Anwalt werden, um sich für Kinder einzusetzen, deren Rechte verletzt werden. Das wäre etwas, das er gerne zu seinem Beruf machen würde. Vielleicht könnte er aber auch als Polizist Opfern helfen, indem er Morde aufklärt, oder Drogenhändler hinter Gitter bringt.

Da könnte man sich bestimmt auch einiges bei Harry Potter abschauen. Wenn er einen Wunsch frei hätte, würde er sich für einen Tag in seine Nähe beamen, um hautnah mitzukriegen, wie Harry gegen seine Feinde kämpft, um zu verfolgen, welche Strategien er einsetzt und wie er schließlich die Oberhand gewinnt und sie besiegt. Hier wäre gewinnen von großer Bedeutung und eine echte Herausforderung.

Auch die Mächtigkeit und Größe von Schlangen und Walen findet Till beeindruckend. An Schlangen fasziniert ihn besonders, dass sie

Till (12)

es wagen, Tiere, die größer sind als sie selbst, zu fressen. Und Wale einfach deswegen, weil sie so riesig und schwer sind.

„Früher fand ich auch mal Elefanten toll", erzählt er, „aber da kannte ich die Wale noch nicht."

Das ist genauso, wie er es früher auch mal toll fand, mit Thomas und Elke zusammenzuleben, als kleine Familie in einer großen, das war nämlich in genau demselben Kinderdorf, in dem Thomas jetzt noch wohnt. Aber jetzt möchte er seine zwei Familien um keinen Preis mehr gegen eine andere eintauschen. Als Nachteil empfindet er es zwar, dass er dauernd seine Sachen packen muss, wenn er zwischen dem einen Zuhause zum anderen pendelt. Aber sonst findet Till, dass am liebsten alles so bleiben soll, wie es ist.

Natürlich kriegt Till immer wieder mit, dass vier Eltern zu haben, wovon zwei lesbische Mütter sind, etwas ist, das man öfter mal erklären muss, weil die meisten das nicht kennen. Till antwortet gern, wenn jemand etwas wissen will. Ihm ist das auch nicht peinlich, auch wenn andere das vermuten, dass es so sein könnte. Till glaubt, dass sie an seiner Stelle nicht so offen darüber sprechen würden. „Einmal habe ich in der Schule vom Wochenende erzählt, was ich da mit José gemacht habe. Da kam nachher einer zu mir und sagte: ‚Jetzt hättest du's ja beinahe verraten'. ‚Was hätte ich denn verraten', meinte ich. ‚Na, dass deine Mutter lesbisch ist.'" Till schüttelt den Kopf und lacht sein offenes Lachen. „Der glaubte tatsächlich, dass ich das nicht sagen will." Das stört Till, dass offenbar viele denken, „dass es irgendwie was Schlimmes" sei. Seltener sind da schon solche Kinder wie das Mädchen aus seiner Grundschule, das zu Till sagte: „Mensch, ich find das echt cool, dass du 'ne lesbische Mutter hast." Und wenn jemand zu ihm sagen würde, „du wirst ja bestimmt auch schwul"? „Da würde ich sagen, dass ich nicht glaube, dass es da 'ne Genverbindung gibt. Und dass ich bin, wie ich bin".

Vielleicht auch, dass es langweilig wäre, sich jetzt schon auf eine bestimmte Richtung festzulegen. Nur in der Musik, da ist *Go West* gerade sein Lieblingsstück. Er spielt es zur Zeit auf dem Keyboard, demnächst probiert er, ob er die ersten Töne auch auf dem Saxophon hinkriegt.

Ansonsten ist er jetzt damit beschäftigt, die Tage bis Ostern zu zählen. 22 sind es noch. Dann ist nämlich die Fastenzeit vorbei. Für dieses Jahr hat sich Till vorgenommen, auf Zucker zu verzichten. Gut, dass Elke und José seine Lieblingsschokolade an einem sicheren Ort bis dahin für ihn aufbewahren.

Foto: privat, 2004

„Dann hast du sozusagen zwei in eins."

Maja (14)

„Nein", sagt Maja, „so harmonisch wie heute ist es nicht immer bei uns – neulich, zum Beispiel, hat meine Mutter mir den Schlafsack vor die Tür geworfen und ich musste im Hausflur übernachten." Sie erzählt es gelassen und ein bisschen belustigt – gefürchtet hat sie sich nicht, denn hier in der Hausgemeinschaft kennen sich alle – „aber unbequem war es, sehr sogar." Und sie sagt auch, warum Sofija diese drastische Maßnahme ergriffen hatte: weil sie einige Abende hintereinander später als vereinbart nach Hause gekommen war. Und dass Mütter das nicht gut finden, dafür hat Maja grundsätzlich Verständnis, auch wenn es ihr meistens genau dann nicht einfällt, wenn sie mit ihrer besten Freundin im Eiscafé sitzt. Es gibt einfach zuviel zu bereden. Auch die Telefonrechnung spricht davon Bände. „Zwanzig Seiten war die lang und immer dieselbe Nummer", kichert Maja und wird gleich wieder ernst. „Jetzt hab ich erst mal Telefonsperre bis das abbezahlt ist." Mutter-Tochter-Konflikte, wie sie in der Pubertät an der Tagesordnung sind, und Mütter oder Töchter – meistens aber beide – aus der Fassung bringen können.

Es scheint aber so, dass es Maja und ihrer Mutter gelingt, diese schwierige Zeit verhältnismäßig gelassen zu nehmen: „Klar, dass da mal Türen knallen. Einmal hab ich die Tür zu meinem Zimmer so doll zugeschlagen, dass alle Bücher vom Regal gefallen sind", erzählt Maja. Aber sie bewahren sich die Fähigkeit, die Konflikte miteinander auszutragen und – wenn sie überstanden sind – auch darüber zu lachen. „Also, wenn wir uns streiten, dann gehen wir uns erst mal aus dem Weg, aber wir setzen uns auch wieder hin und reden noch mal darüber." Grundsätzlich, so erzählt Maja stolz, weiß sie, dass sie Sofija alles erzählen kann: „Sie weiß alles über mich, und ich glaube auch, ich weiß alles über sie, da gibt es kein Versteckspiel oder dass ich was verheimliche."

Höchstens, wenn Sofija sich erkundigt, ob sie ihre Hausaufgaben für die Schule erledigt hat, dann hat Maja in den letzten Monaten schon mal öfters zu einer Notlüge gegriffen: „Dann hab ich später mit meinem Matheheft und einer Taschenlampe im Bett gesessen und versucht, die Aufgaben schnell mit dem Taschenrechner zu rechnen, klar, dass das nicht gut gehen konnte – jetzt hab ich die Quittung dafür gekriegt." Maja wird die achte Klasse wiederholen. Seit das feststeht, ist sie äußerst entschlossen, sich jetzt ganz ernsthaft auf die Schule zu konzentrieren und darauf, ein gutes Abschlusszeugnis zu erreichen. Schließlich hat sie vor, einmal Ärztin so werden. „Kinderärztin würde ich gern werden, obwohl ich weiß, dass ich mich dafür ungeheuer anstrengen muss." Ein Wunsch, entstanden, als ihr bester Freund in Kroatien an Krebs erkrankte und vor vier Jahren starb.

Maja ist in Kroatien geboren und kam, als sie ein Jahr alt war, mit ihrer Mutter nach Berlin, wo bereits Sofijas Mutter, Majas Oma, und ihre beiden Tanten lebten. Zu ihrem Vater in Kroatien hat sie regelmäßigen Kontakt, „jedenfalls zu dem, der wahrscheinlich mein Vater ist" – ein Vaterschaftstest wird demnächst darüber Auskunft geben, und es ist Maja mittlerweile auch wichtig zu wissen, wer ihr biologischer Vater ist: „Es war zwar die Idee meiner Mutter, dass mein Vater diesen Test machen soll, aber ich merke, dass mich das jetzt auch interessiert, denn er heiratet dieses Jahr und wahrscheinlich werden sie dann auch bald Kinder kriegen, und wenn ich dann eine Schwester hätte, das wüsste ich ja schon gern."

Und Maja hätte um ihr Leben gern eine kleine Schwester und ist auch schon länger dabei, mit Sofija darüber zu verhandeln: „Heute hab ich sie wieder damit gequält, hab sie gefragt, warum denn nicht, so viele Lesben lassen sich künstlich befruchten, aber sie sagt, sie will kein Kind mehr, und das muss ich wohl akzeptieren." Wenn Sofija mit einem Mann zusammen wäre, da ist sich Maja ziemlich sicher, würde es wahrscheinlich einfach passieren, dass Sofija schwanger würde. Das, findet sie, ist ein wirklicher Nachteil, wenn man eine lesbische Mutter hat. Aber eine Schwester oder einen Bruder in Kroatien zu haben, die sie dann besuchen könnte, das wäre durchaus auch okay.

Außerdem, wenn Sofija hetero wäre und nicht lesbisch, da ist sich Maja andererseits auch wieder sicher, wäre sie bestimmt „so streng wie die anderen Kroaten" und nicht so locker und offen. Wobei natürlich auch das wiederum Nachteile hat: Sofijas kurze Haare, ihre Tatoos und „dass sie rumläuft, wie sie will" – Maja findet das schon gut so, aber es gibt Momente, wo sie sich wünscht, Sofija sähe einfach ganz normal aus, eben so wie die Mütter der Mädchen in ihrer Klasse, etwas gestylt, ein bisschen schicker gekleidet, weiblich. Majas Freunde und Freundinnen sehen das offenbar anders. „Einmal hab ich meinen beiden Freunden, das sind Albaner, das Foto von meiner Mutter gezeigt – es ging darum, wer wem ähnlich sieht, und ich habe gedacht: ‚Oje, was werden die sagen?', aber sie haben ganz normal reagiert, haben nicht gesagt: ‚Wie, das ist deine Mutter, wie sieht die denn aus?' – gar nicht."

Dass ihre Mutter lesbisch lebt, „immer schon, auch schon bevor ich überhaupt geboren wurde", wie Maja herausgefunden hat, findet sie ebenfalls vollkommen in Ordnung. Mit den verschiedenen Freundinnen ihrer Mutter hat sie sich meistens ganz gut verstanden, auch die derzeitige Partnerin von Sofija findet sie nett. „Nur mit einer war Krieg", erinnert sie sich, „weil ich auf die eifersüchtig war und die konnte auch nicht mit Kindern." Da war sie froh, als Sofija sich von ihr wieder getrennt hatte. „Obwohl", so stellt sie fest, „jetzt versteh ich mich voll gut mit ihr, wenn sie mal vorbeikommt." Was Maja auch genießt, ist, mit Sofija und ihren Freundinnen in Urlaub zu fahren und zu dritt etwas zu unternehmen. Nur in Sofijas und Majas Wohnung einziehen sollen die Partnerinnen – wenn es nach Maja ginge – am besten nicht: „Mit noch jemand zu wohnen, mit noch einer erwachsenen Frau – das passt mir nicht." Maja findet es schöner, ihre Mutter für sich alleine zu haben. Sie erinnert sich mit Schrecken an die Zeit, als Sofijas frühere Freundin hier gewohnt hat: „Das fand ich absolut stressig, außerdem hatte sie so viele Sachen – zu dritt ist die Wohnung einfach zu klein", befindet Maja. Moppel, der Hase, braucht schließlich auch noch Platz, im Sommer hat er zwar seinen Logenplatz auf der Dachterrasse, aber im Winter zieht er natürlich um in seinen angestammten Bereich in der Wohnküche.

Das einzige, was Maja wirklich Kopfschmerzen macht, ist abzuschätzen, wem man erzählen kann, dass ihre Mutter Frauen liebt und wem man es besser nicht erzählt. Bisher wählte sie genau und vorsichtig aus. „Ich hab keine Lust darauf, es allen auf die Nase zu binden", schließlich weiß sie ja nicht, ob blöde Reaktionen kommen. Wobei, wenn man es genau nimmt, das noch nie passiert ist: Die Oma, die Tanten, die Verwandtschaft in Kroatien, ausnahmslos alle wissen Bescheid und akzeptieren Sofijas Lebensweise. Auch Çansu, Majas beste Freundin, „ihr Vater ist türkisch, ihre Mutter Russin, da hab ich schon gedacht, die versteht das bestimmt nicht", hat es ohne Verwunderung aufgenommen und befand, „was soll denn daran schlimm sein?" „Aber", betont Maja, „sie ist auch ein Mensch, zu dem man ganz schnell Vertrauen fasst." Und so hat Maja ihr neulich auch erzählt, was sie an manchen lesbischen Paaren beobachtet hat: Dass eine oft eher männlich wirkt und die andere eher weiblich und dass sie findet, wenn sie ihre Mutter so anguckt, dass Sofija eher die Männerrolle übernimmt. Çansu war fasziniert: „‚Ach', hat sie dann gesagt, ‚dann hast du ja Mutter und Vater in einem, sozusagen zwei in eins!'" Maja lacht. „Ich finde das toll!"

Auch Çansus Eltern gehen sehr selbstverständlich mit der Tatsache um, dass Majas Mutter mit Frauen lebt. „Sie fragen mich immer, wie es meiner Mutter geht, und laden sie auch ein und irgendwie machen die das nicht zu was Besonderem."

Bei ihnen spürt sie eher Interesse: „Sie fragen mich manchmal was und ich erzähle von der Freundin meiner Mutter und rede so richtig mit denen, als wär's das Normalste auf der Welt."

Was es eben nicht ist, denn Maja hört sehr genau zu, wenn in der Schule oder auf der Straße abfällige Bemerkungen über Lesben und Schwule geäußert werden, auch wenn sie weiß, was sie von denen zu halten hat, die sagen: „Iih, lesbisch, stell dir mal vor, man wär so was". Maja weiß, dass die, die so was sagen „dumm sind und es leider nicht besser wissen", dennoch diese Intoleranz und Verächtlichkeit treffen sie zutiefst. Und genau deshalb fände sie es wichtig, dass Homosexualität in der Schule zum Thema gemacht wird. „Ich fände gut, wenn man mit den Kindern darüber reden würde, dass es normal ist, dass es kein Problem ist und dass es Kinder gibt, deren Eltern lesbisch oder schwul sind und dass man die nicht damit aufziehen sollte, irgendwie so. Ich finde, das wird zu wenig zur Sprache gebracht."

Überhaupt hat Maja die Erfahrung gemacht, wie wichtig und erleichternd es ist, über das, was einer Schwierigkeiten macht und schwer auf der Seele liegt, mit anderen, denen man vertraut, zu sprechen. „Wenn man Probleme hat, dann sollte man reden, mit der Mutter, mit der Oma, mit anderen, das hab ich auch gemacht, ich habe mit meiner Oma lange geredet, ich hab auch mit Freundinnen meiner Mutter geredet und ich hab meine Mutter ganz konkret gefragt: ‚Sag mir, wie ich damit umgehen soll, dass du anders bist als die anderen Eltern, wie soll ich das meinen Freunden erklären?', und dann hat sie das mit mir besprochen, mir Tipps gegeben – das hilft."

Und es hilft auch, von anderen zu hören, dass sie schwul oder lesbisch leben, besonders von solchen, die sehr bekannt sind und deren Coming-out wahrgenommen und gehört wird. Klaus Wowereits klares Bekenntnis, dass er mit einem Mann zusammen lebt, hat ihr sehr gefallen: „Das finde ich auch gut, das er das gesagt hat, so als Bürgermeister, ich finde das wichtig, das öffentlich zu machen und sich nicht zu verstecken."

Und dafür braucht es Mut – bei einem selber und bei denen, die hinter einem stehen.

> „Letztens habe ich eine
> Süssigkeitenmaschine erfunden."

Tom (9)

Tom möchte gerne Erfinder werden. Und Mathe mag er auch.

Ich lerne Tom und seine Familie, die aus Bonn stammen, auf einer Regenbogenfamilientagung kennen.

Seine beiden Mütter Ute und Uta sind schon über zehn Jahre ein Paar. „Also zu meiner einen Mutter, die mich geboren hat, zu der sag ich immer Mama. Und zu der anderen sag ich Mami."

Neben seinen Müttern leben in seiner Familie noch seine zwei Jahre jüngere Schwester, ein Kater und zwei Hunde.

Seit Tom mit Uta und Ute den Dachboden ausgebaut hat – „ich und die Mami haben Teppichboden im Schachbrettmuster verlegt" – hat er ein eigenes Zimmer, in dem er sich sehr wohl fühlt. Kater Beutlin ist oft bei ihm zu Gast. Überhaupt hat der Neunjährige mit den kurzen hellbraunen Haaren eine ganze Menge Freunde, die ihn regelmäßig besuchen.

Tom (9)

Tom geht in die vierte Klasse und ist, wie er findet, ganz gut in der Schule. Dort wissen mittlerweile alle, dass er zwei Mütter hat. Das war nicht immer so. Vor allem zu Beginn seiner Schulzeit ist sich Tom nicht sicher, wieviel er über seine Familie preisgeben will. Wenn er heute einen neuen Freund kennen lernt, „dann erzähle ich es eigentlich schon – nicht immer direkt, aber wenn sie mich danach fragen." Meistens kommt dann die Frage nach seinem Vater. Als Inseminationskind geht Tom diese Frage mehr als alles andere auf die Nerven. „Ich sage dann, ich habe keinen Vater, und wenn die dann weiterfragen, dann sage ich, das geht dich nichts an – stimmt ja auch. Das berede ich nur mit meinen engsten Freunden."

Mit seinen Müttern hat Tom viel darüber geredet, was er denn sagen könnte, wenn andere Kinder ihn ärgern. „Und jetzt haben wir an unserer Schule einen Selbstverteidigungs- und Selbstbehauptungskurs. Da lerne ich, wie ich mich auch mit Worten verteidigen kann." Dieses Wissen ist auch nötig, denn Tom wird in der Schule immer noch ab und zu wegen seiner Familie gehänselt. Und so wird er, der eher ein ruhiger Typ ist, in diesem Kurs sicher auch ein paar Tipps zum Kontern bekommen.

Von seinen LehrerInnen wünscht sich Tom noch mehr Unterstützung. „Meine Lehrerin verteidigt mich schon, aber wenn die anderen schlechte Sachen über meine Mütter sagen, dann sollten die schon mehr eingreifen. Am allerschlimmsten finde ich, wenn kommt: Das geht doch gar nicht mit zwei Mamas, da müsstest du ja ein Roboter sein."

Am liebsten wäre Tom ein Raubvogel. „Ich fliege sehr gerne, und so ein großer Vogel kann gut fliegen, hat fast keine Feinde und kann sich in der Luft gut schützen."

Tom kennt auch andere Kinder, die mit zwei Müttern oder zwei Vätern aufwachsen. „Ja, ich bin mit denen auch ein bisschen befreundet, die sind aber eher kleiner als ich. Hier auf der Tagung finde ich es schön, dass auch Kinder in meinem Alter da sind. In unserer Gruppe haben wir schon ganz gute Spiele gemacht."

Neben Tischtennis spielen hat Tom noch eine weitere Lieblingsbeschäftigung: seinen Computer. „Ich helfe meiner Mutter gerne, Sachen auf den Hintergrund zu laden, sie kann das nämlich nicht so."

Tom geht es gut. Eigentlich möchte er, dass alles so bleibt, wie es ist. Als ich ihn nach seinen Wünschen frage, überlegt er lange. Dann fällt ihm doch noch etwas ein: „Wenn sich einer aus meiner Familie weh tut, dass es dann nicht weh tut, sondern eher angenehm ist, das fände ich gut."

Foto: privat, 2005

„Da hab ich sie schliesslich gefragt: ‚Was ist denn mit dir los, Mutti?'"

Katharina (17)

Der gelbe Wellensittich hüpft aufgeregt in seinem Käfig hin und her und zwitschert und trällert mit lauter, schriller Stimme. „Den Vogel hat Andrea mitgebracht", erklärt Katharina, „wir haben ihn alle gehasst am Anfang und haben sogar überlegt, ob wir ihm was ins Futter mischen." Sie hebt die Schultern und lacht. „Aber inzwischen haben wir uns an ihn gewöhnt." Wie sie sich überhaupt mit der Situation arrangiert hat, dass Andrea, die Partnerin ihrer Mutter Kathrin, nun mit ihr, der fünf Jahre jüngeren Schwester Marie und ihrer Mutter zusammenwohnt. Jetzt leben sie zu viert in der kleinen Wohnung, nicht weit vom Jenaer Stadtzentrum entfernt; zählt man noch den Wellensittich mit und Cora, die Mischlingshündin, sind sie zu sechst. „Na ja", sagt Katharina „ich bin sowieso oft nicht da. Das passt meiner Mutter zwar nicht, und wir haben in letzter Zeit oft deswegen Streit, aber es ist so."

Mit ihrer Band ist sie viel unterwegs, und wenn's spät wird, schläft sie bei Freundinnen oder eben bei ihrem Freund.

Katharina ist 17, grazil und nicht besonders groß, das lässt sie auf den ersten Blick jünger und fast ein wenig zerbrechlich erscheinen. Doch als sie zu erzählen beginnt, wird spürbar, wie viel Kraft in ihr steckt.

Katharina weiß, dass man aktiv werden muss, wenn man etwas will. Manches fällt einem zwar zu, um anderes muss man jedoch kämpfen. Was sie will, ist zum Beispiel ein gutes Abitur. In zwei Monaten schreibt sie ihre Klausuren. Sie denkt, dass sie es mit 1,9 schafft, wenn alles klappt. Aber sie klingt gar nicht so begeistert. „Nein, das ist leider zu schlecht für Medienwissenschaften", sagt sie bedauernd, „dafür braucht man nämlich 1,6." Katharina möchte unbedingt in die Werbebranche. Aber sie hat sich bereits überlegt, wie sie auf anderem Weg ihr Ziel erreicht. Zunächst einmal wird sie eine Ausbildung als Werbekauffrau machen und dann überlegen, ob sie das Studium anschließt.

Power brauchte es auch, ihre Bulimie zu überwinden. Erst einmal war es ein längerer Prozess, sich überhaupt einzugestehen, dass sie krank ist. Welch Erlösung, als sie in der Klinik feststellt, dass sie unter großen Anstrengungen den Teufelskreis durchbrechen kann und es ihr gelingt, Essen nicht mehr als Vorstufe fürs Erbrechen zu sehen. Nun wagt sie es wieder, mit anderen ins Café zu gehen, und freut sich, dass sie sich unbefangen mit Freunden zum Pizzaessen verabreden kann. Auch die anderen bemerken, dass sich Katharina verändert hat, dass eine Last von ihr abgefallen ist. „Wenn mich welche treffen, die ich schon lange nicht gesehen habe, sagen sie: ‚Mensch, du siehst ja gut aus!' und sie sagen, dass ich viel offener geworden bin."

Auch um ihre Stimme zu professionalisieren brauchte es Disziplin. Seit sie zwölf ist, nimmt sie Gesangsunterricht. Kathrin war es wichtig, das Talent ihrer Tochter zu fördern. Jetzt zeigt Katharina es auf der Bühne, wenn sie mit ihrer Band auftritt. Sie freut sich, wenn sie ihr Publikum begeistert und Rückmeldungen bekommt wie neulich von einer Frau, die sagte, dass sie hoffe, Katharina strebe eine professionelle Gesangskarriere an. Denn das Zeug dazu habe sie. Aber dazu schüttelt Katharina den Kopf. „Das wollen zu viele, ich mach mir da keine Hoffnungen." Aber dennoch bleibt das Singen eine Leidenschaft von ihr, ein Medium, mit dem sie sich ausdrücken kann. Jazz und Soul faszinieren sie am meisten. Mal sehen, ob ihr Pop und Rock auch liegen. Das wird sie in ihrer neuen Band feststellen. Nächste Woche wird sie zum ersten Mal mit ihnen proben.

Wann man noch aktiv werden muss, ist, wenn die eigene Mutter plötzlich beim Bügeln Filme anschaut, in denen sich zwei Frauen sehnsuchtsvoll in die Augen sehen, um sich irgendwann gegen Ende des Films seufzend in die Arme zu fallen und leidenschaftlich zu küssen. Und vor allem, wenn sie immer wieder zu denselben Szenen zurückspult und dabei einen so weichen Gesichtsausdruck bekommt. Vor drei oder vier Jahren kam es vor, dass Katharina Kathrin immer wieder dabei ertappte. „Ich hab mich schon gewundert und sie schließlich gefragt: ‚Was ist denn mit dir los, Mutti, wieso guckst du denn so was?' Na ja und sie sagte, dass sie sich eben auch vorstellen könnte, dass das etwas für sie wäre." Katharina findet das äußerst aufregend. Sie ist überrascht und sie freut sich insgeheim. Schließlich hatte sie gerade selbst zu einem Mädchen in ihrer Schule eine erotische Anziehung gespürt. „Ich weiß nicht, ob ich verliebt war, aber ich hab schon sehr für sie geschwärmt. Sie war Fußballerin und ich fand sie total interessant!" Und jetzt war ihre Mutter also vielleicht lesbisch. Katharina ist der Meinung, dass Kathrin unbedingt mal herausfinden sollte, ob da was dran wäre. Ob sie vielleicht mit einer Frau glücklicher würde. Schließlich hatte Katharina lange genug zugeschaut, wie ihre Mutter immer wieder mit ihren Beziehungen zu Männern gescheitert ist. Angefangen mit der Beziehung zu ihrem Vater, der immer nur am Wochenende nach Jena kam, weil er in Berlin arbeitete, und der, als Katharina fünf Jahre alt war, die Familie verließ. Mit der Beziehung zur Mutter beendete er auch den Kontakt zu seinen Töchtern, zahlte keinen Unterhalt mehr und verschwand für Jahre vollkommen von der Bildfläche. An Katharinas Jugendweihe war er dann noch einmal da. „Aber jetzt meldet er sich schon wieder sehr lange nicht mehr", erzählt Katharina. Nicht dass sie darunter leiden würde, wie sie versichert, aber eigentlich fände sie es schon gut, „wenn wir Kontakt hätten. Es muss ja jetzt nicht etwas ganz Enges sein, aber dass er sich ab und zu mal nach uns erkundigt, das wäre schon schön. Vor allem, weil Marie und ich ja schließlich auch seine Kinder sind. Ich finde nicht, dass es okay ist, wenn Väter Kinder zeugen und sich dann vollkommen aus der Verantwortung ziehen."

Nach der Trennung von ihrem Mann hat die Mutter immer wieder Beziehungen zu Männern. Die Oma, Kathrins Mutter, bei der sie damals wohnten, war dabei eine treibende Kraft, sie nämlich hatte die Vorstellung, dass es jetzt allmählich Zeit sei, dass Kathrin den Richtigen findet, und sie hatte außerdem ein genaues Bild vor Augen, wie dieser Richtige auszusehen habe. „Jedenfalls hat meine Mutter es immer wieder probiert mit verschiedenen Männern und sie hat sich auch immer sehr an sie angepasst, weil sie unbedingt wollte, dass es klappt. Sie wollte, dass wir wieder eine vollständige Familie sind und Marie und ich einen Vater haben." Dabei war Katharina bei den meisten Männern froh, wenn sie wieder gingen. „Die sind zwar nicht bei uns eingezogen, aber sie waren natürlich oft da und es war immer sofort so, dass sie neue Regeln eingeführt haben und wollten, dass es nun nach ihrer Nase geht." Katharina fand das ziemlich anmaßend und atmete auf, wenn wieder einmal eine Beziehung gescheitert war. Vor allem gefiel es ihr besser, wenn sie und Marie ihre Mutter wieder für sich alleine hatten. Katharina genoss es, schon früh Vertraute und Ansprechpartnerin ihrer Mutter zu sein. Nicht dass ihr diese Verantwortung nicht manchmal auch zu viel gewesen wäre. Dennoch zeigten die Gespräche Katharina deutlich, dass ihre Mutter ein wichtiges und ernstzunehmendes Gegenüber in ihr sah.

Und nun also war ihre Mutter vielleicht dabei, sich die Frau fürs Leben zu suchen. Katharina war der Meinung, dass ihre Mutter unbedingt aktiv werden müsste. „Ich hab ihr dann gesagt: ‚Guck doch mal im Internet, ob Du da andere Lesben kennen lernst. Vielleicht findest Du ja eine, in die du dich verliebst.'" Tatsächlich schreibt sich Kathrin bald E-Mails mit einer Jenaerin. Die zwar vergeben ist, wie im Steckbrief zu lesen war, aber selbst Katharina spürt nach kurzer Zeit, dass es da ganz offensichtlich knistert. „Also, ich hab mir da gedacht, wenn sich da mal nichts anbahnt", erzählt Katharina schmunzelnd. „Ja, und dann haben sie festgestellt, dass sie nicht nur beide in Jena wohnen, sondern auch dass sie beide Krankenschwestern sind und schließlich haben sie noch rausgefunden, dass sie sogar in demselben Krankenhaus arbeiten." Ein unglaublicher Zufall, findet Katharina. Kathrin entschließt sich eines Tages, ihre Internetbekanntschaft auf der Arbeit zu überraschen. „Wir lachen uns heute noch darüber kaputt", meint Katharina und erzählt, wie Kathrin mit frisch rot gefärbten Haaren, einem Korb mit selbst gebackenem Kuchen und einer Flasche Rotkäppchensekt im Arm wie die Märchenfigur höchstpersönlich während Andreas Dienstzeit ins Krankenhaus fährt, dort klingelt und auf Station 10 nach Schwester Andrea fragt. Und ihr den Korb mit dem Kuchen und der Flasche Sekt in die Hand drückt.

Das war der Anfang ihrer Liebesbeziehung.

Katharina freut sich, als sie sieht, wie die Mutter in der Beziehung zu Andrea auflebt. Drei Jahre ist das nun her. Zunächst wohnt Andrea noch in ihrer eigenen kleinen Wohnung. Kathrin ist bemüht, ein Zusammenleben nicht zu überstürzen, sondern allen genug Zeit zu lassen, sich mit der neuen Situation zu arrangieren. Marie und Katharina sind es dann, die die Initiative ergreifen, Andrea in die Familie zu integrieren. „Wir fanden es dann irgendwann komisch, dass Andrea immer nur da war, um Mutti zu sehen. Wir fühlten uns dann so an den Rand gestellt und haben gesagt, sie kann auch da sein, wenn Mutti nicht da ist, warum denn eigentlich nicht!" Wenig später fiel dann die Entscheidung, dass Andrea bei ihnen einzieht. Mit ihrem Wellensittich. „Klar war das dann komisch am Anfang oder auch mal blöd, weil ich dann nicht mehr so wichtig war für meine Mutter wie vorher", erzählt Katharina. Mittlerweile aber ist Andrea eine zweite Mutter für sie geworden. Eine, die sie unterstützt, wenn sie mit ihrer Mutter darüber verhandelt, wie lange sie weg bleiben darf, und eine, der Katharina unbefangener als Kathrin erzählen kann, wenn sie sich verliebt hat. Nicht, dass es keine Auseinandersetzungen gäbe. „Zwischen Andrea und mir gibt's schon Reibereien, vor allem, weil ich nicht so viel da bin wie Marie und weniger im Haushalt mache", erzählt Katharina. „Dabei ist mein Zimmer ordentlicher als das von meiner Schwester", beklagt sie sich. Sie findet die Kritik nicht so ganz angebracht. Wobei sie bemerkt, dass es sicher auch eine Rolle spielt, dass Andrea und Marie sich näher sind, während sie selbst sich mit Kathrin viel enger verbunden fühlt. Das findet sie gut, dass sich das so aufteilt in der Familie und die Gegensätze jeweils eine Entsprechung haben. „Marie und ich sind nämlich wie Tag und Nacht", berichtet Katharina. „Marie spielt Fußball, ist wie Andrea handwerklich begabt, interessiert sich nicht für Jungs, macht sich nichts daraus, abends weg zu gehen, und ich bin schon mit zwölf ganz wild darauf gewesen, tanzen zu gehen, und wenn ich abends weggehe, ziehe ich mich schick an und trage gern hochhackige Schuhe." Grundverschieden ist auch ihre Umgehensweise mit dem Lesbischsein ihrer Mutter. Während Marie mit ihren Freundinnen kein Wort darüber verliert, dass Kathrin und Andrea ein Paar sind, erzählt Katharina jedem und jeder in ihrem Freundeskreis, dass sie zwei Mütter hat. „Ich sage dann, wenn die zu uns zu Besuch kommen: ‚Also wundert euch nicht, ich wohne mit meiner Schwester und meinen beiden Müttern zusammen.' Ein einziges Mal hab ich bisher gehört: ‚Ihh, das ist ja komisch, ich könnte mir so was nie vorstellen, mit 'ner Frau!'" Das war damals, als sie wegen ihrer Bulimie in der Klinik war, dass ein anderes Mädchen so reagiert hat. „Alle anderen sagen: ‚Ej, das ist ja cool!' Die finden das aufregend und ich erzähl das auch gern, weil es wirklich was Besonderes ist." Sie glaubt, dass es auch am besten ist, dieses Besondere ganz selbstbewusst zu vertreten, weil es den anderen dann gar keinen Raum lässt, etwas dagegen zu sagen. „Vor allem erzähle ich auch immer, was mir daran gut tut und was mir gefällt. Zum Beispiel, dass ich einfach viel mehr Freiheiten habe, die ich bestimmt nicht hätte, wenn es da einen Vater gäbe. Das kriege ich ja bei meinen Freundinnen mit, dass die dann eifersüchtig über ihre Töchter wachen." Außerdem, so findet Katharina, „ändert sich ja auch nur gesellschaftlich was, wenn man darüber spricht."

Trotzdem macht sie Marie keine Vorhaltungen, weil sie sich dafür entschieden hat, möglichst nicht darüber zu reden. Im Gegensatz zu Kathrin, die zuweilen vermutet, Marie würde ihr Lesbischsein ganz grundsätzlich ablehnen, glaubt Katharina eher, „dass Marie das schon gut findet, dass meine Mutter mit Andrea zusammen ist, weil sie ja auch sieht, wie gut es Mutti geht in der Beziehung und weil sie sich selber ja auch gut versteht mit Andrea. Ich denke, dass sie eben nur nicht darüber sprechen will. Ich glaube, sie will einfach genauso sein wie die anderen, sie will nichts Besonderes sein. Das liegt vielleicht auch am Alter." Vielleicht aber auch daran, dass sie nicht so aufgeschlossene Freundinnen hat wie Katharina, die sich durchaus vorstellen können, sich auch mal in eine Frau zu verlieben.

Katharina selbst hat zurzeit einen Freund, „aber eigentlich ist es mein Exfreund", korrigiert sie sich. Sie ist dabei, die Trennung zu vollziehen. Was eben nicht so einfach ist.

Was die Zukunft für die Liebe bringt, lässt sie offen. „Auf jeden Fall will ich mal in einer festen Partnerschaft leben, und egal, ob das ein Mann ist oder eine Frau, Kinder will ich auf jeden Fall!"

Sie will ihren Kindern das Wichtigste weitergeben, was sie selbst bekommen hat, nämlich Anerkennung und Bestätigung. Aber auch das, was ihr gefehlt hat, nämlich ein männliches Vorbild – „es muss ja auch gar nicht der Vater sein, es könnte ja auch der Onkel sein" – weil sie glaubt, dass man dann lernt, sich als Frau im Leben besser durchzusetzen. Wobei sie da auch zwei Frauen als Vorbilder hat. Alice Schwarzer, die sie für ihre messerscharfe Gesellschaftsanalyse bewundert, und die Sängerin Christina Aguilera, die über sich sagt, dass sie durch alle Fehler, die sie im Leben mit Männern gemacht hat, nur stärker geworden ist. Und daran gewachsen ist.

Foto: Christiane Bertram, 2004

„Es war so, als ob ich als Mann
automatisch die Schuld daran hätte."

Moritz (22)

„Manchmal jagt der Hund die Katze durch den Garten", erzählt Moritz, „aber das ist meistens eine kurze Jagd, denn nach fünf Metern kommt der Zaun, die Katze springt drüber und der Hund steht davor. Und bellt."

Jetzt bellt er ebenfalls, denn die Katze spaziert außen auf der Fensterbank entlang, und späht interessiert durch die Scheibe.

Wir sitzen bei Kaffee und Zigaretten in der Küche des kleinen Einfamilienhauses aus den fünfziger Jahren im baden-württembergischen Reutlingen, in dem Moritz mit der Lebenspartnerin seiner Mutter wohnt. Hier lebte er, bis er ein Jahr alt war, zusammen mit seiner Mutter Gabi, seinem Vater und seinem älteren Bruder. Dann trennten sich die Eltern, der Vater zog aus. „Sie waren, glaube ich, einfach zu verschieden", sagt Moritz.

Dann verliebte sich Gabi, die sich schon immer mehr zu Frauen hingezogen fühlte, wie Moritz weiß, in eine Frau. „Sie hatte mehrere Freundinnen, manche Beziehungen waren länger, andere kürzer, manche wohnten dann auch hier mit uns, und ich habe mich eigentlich mit allen immer gut verstanden", erzählt Moritz. Nur manchmal wurde es schwierig, nämlich dann, wenn die Partnerinnen eine Elternrolle einnehmen wollten. Aber Moritz besitzt genügend Eigenwilligkeit, um sich dagegen zur Wehr zu setzen. „Ich hab ganz bestimmt 'ne gute Erziehung genossen", sagt er und schmunzelt, „aber sie hat mir nichts ausgemacht, ich hab mich da wunderbar darüber hinweggesetzt."

Vor fünf Jahren, als die Mutter und Heidrun schon zwei Jahre ein Paar waren, zieht Heidrun ein. „Mit ihr", erzählt Moritz, „ist meine Mutter richtig aufgeblüht. Ich glaube, das war die schönste Beziehung ihres Lebens." Moritz' Bruder Lukas studiert seit kurzem in Hamburg. Moritz jedoch ist, nachdem er im Nachbarort, nah bei seiner Arbeitsstelle, eine eigene Wohnung hatte, vor nicht all zu langer Zeit wieder in das Haus seiner Kindheit zurückgekehrt. Denn hier ist vor drei Monaten seine Mutter gestorben. An einem Gehirntumor. Bei der Diagnose sagte ihr der Arzt, ihr Tumor sei so selten wie ein Lottogewinn. „Dann hab ich eben im Lotto gewonnen", scherzte sie. Alle hofften sie, die Krankheit sei zu besiegen. „Obwohl", sagt Moritz nachdenklich, „ich von Anfang an Todesangst gehabt habe, man kann sich bestimmt darüber streiten, ob es so was gibt, so eine Vorahnung, aber ich hab das einfach gespürt, dass sie die Krankheit nicht überleben wird." Später, als das Ausmaß der Zerstörungskraft des Tumors unübersehbar wird, und der Krebs sie so unausweichlich und schnell dem Tod nahe bringt, verfluchen ihn Moritz, sein Bruder und Heidrun. Sie stimmen ihre Terminplanung genau aufeinander ab, damit immer jemand bei ihr am Krankenbett sein kann. Sie ermöglichen ihr, dass sie aus der Klinik entlassen wird und zu Hause, in ihrer vertrauten Umgebung, im Kreis ihrer Familie sterben kann. „Dieses Ende, so schrecklich es war", versucht Moritz es zu beschreiben, „trotz dem Schatten der Krankheit gab es schöne Momente, die wir genießen konnten und die sehr kostbar waren." Sie tun alles, um ihr einen würdevollen Abschied zu geben.

Dann die Trauer, der Verlust. „Es war schrecklich und traurig. Aber ich halte nichts von tiefer Trauer, und von dauernd zum Friedhof gehen, für mich ist es viel wichtiger, meine Erinnerungen an sie zu bewahren." Das tun er und Heidrun auf unterschiedliche Weise und brauchen sich doch gegenseitig und stützen sich dabei. Ein Foto von Gabi steht auf dem Küchentisch. Sie ist braungebrannt und lacht, stark sieht sie aus. Eine Frau, die mitten im Leben steht. Wenn Moritz von seinen Erinnerungen spricht, meint er keine verklärten, kitschigen Bilder, sondern, so sagt er, „ich möchte sie so im Gedächtnis behalten, wie sie war." Und sie war vieles. Fürsorglich, selbstlos und sehr liebevoll hat er sie erlebt. Für sie hatte oberste Priorität, dass es ihm und seinem Bruder, ihrer Familie, gut geht. „Von nichts", sagt Moritz und schüttelt den Kopf, „hat sie es geschafft, dieses Haus abzuzahlen." Mit harter Arbeit und eiserner schwäbischer Sparsamkeit.

Gabi konnte auch streng und unerbittlich sein. Fürchterlich einengend hat er sie erlebt, besonders dann, als er mit 14 selbst entscheiden will, mit welchen Freunden er sich trifft, ob die Klamotten, die er anzieht, zerrissen sind oder nicht, und er auf keinen Fall mehr gefragt werden will, ob er seine Hausaufgaben gemacht hat. Es gab böse Szenen damals. Heute denkt Moritz, „dass sie sich wahrscheinlich einfach nur große Sorgen gemacht hat", und befürchtete, ihr Jüngster könne auf die schiefe Bahn geraten.

Und dann ist Gabi auch feministische Aktivistin, eine, die politisch Stellung bezieht und sich in Initiativen gegen sexuelle Gewalt gegen Frauen und Mädchen engagiert. Moritz bewundert ihren Kampfgeist, ihren Mut und ihren Scharfsinn, er weiß um die Wichtigkeit ihrer Arbeit. Nur manchmal scheint ihm, als hätte er gar keinen Platz in dieser Welt der Frauen, als käme er gar nicht vor in ihren Visionen, als wäre er es als Mann nicht wert, mitbedacht zu werden. „Es war so, als ob ich als Mann automatisch Schuld daran hätte, dass Frauen vergewaltigt werden, obwohl", so meint er nachdenklich, „meine Mutter mir das sicher nie unterstellt hat." Er vermisst schmerzlich jemanden, der ihm Orientierung bieten könnte und Halt, der da wäre für seine Fragen. Ein männliches Vorbild, anders als sein Vater, der sich wenig Zeit für seine Söhne nimmt, keinen Unterhalt zahlt und die Mutter als Emanze belächelt. Dennoch mit 15, in der Zeit, als Moritz und Gabi heftige, erbitterte Kämpfe miteinander ausfechten, wird er für Moritz zu einem wichtigen Bündnispartner. Eines Tages stellt Moritz die Mutter vor vollendete Tatsachen: Er ziehe zu seinem Vater, lässt er sie wissen, und er habe bereits alles arrangiert, aufhalten könne sie ihn nicht. Gabi versucht nicht, ihm sein Vorhaben auszureden. Und Moritz geht.

Moritz ist über den Schritt froh – bis heute. Den Vater erlebt er als das Gegenteil der Mutter. Während sie jeden Pfennig und jeden Cent umdreht, gibt er das Geld mit vollen Händen aus, häuft Schulden an, schlittert in die Insolvenz, aber das kümmert ihn nicht, er lebt einfach gern ein luxuriöses Leben. Und was Moritz besonders genießt: er lässt ihm, Moritz, den Raum, den er braucht, und schenkt ihm das Vertrauen, das ihm bei der Mutter gefehlt hatte. Der Vater traut ihm zu, dass er Verantwortung übernehmen kann. Er darf sogar früher als alle seine Freunde alleine wohnen. Sechzehn war er und stolz, dass er es schaffte, auf eigenen Füßen zu stehen, zumindest fast, denn natürlich finanzierte ihm der Vater die Miete. „Ich hab gewohnt und er hat bezahlt", grinst Moritz. Seinen eigenen Haushalt auf die Reihe zu kriegen, nicht jede Nacht hindurch Partys zu feiern und pünktlich zur Schule zu kommen, das gelingt ihm ohne Mühe. Vielleicht war's das, was die Mutter überzeugte. Zwei Jahre später, als es den Vater beruflich in den Nordosten Deutschlands verschlägt, zieht er wieder zurück zu ihr. „Da haben wir uns dann ausgesprochen, über alles, was damals schief gelaufen ist", erklärt Moritz.

Heute sieht er beide Eltern als ganz wichtige Orientierungspunkte, von denen er Entscheidendes gelernt hat. „Das Schöne bei mir ist, dass ich so verschiedene Dinge vorgelebt bekommen habe. Ich denke, ich werde von beiden das nehmen, was mir am besten gefällt. Meine Mutter war sehr fürsorglich und hat vorgesorgt und mein Vater hat einfach gelebt, ohne sich viele Gedanken zu machen. Und ich würde gern beides miteinander verbinden und fürsorglich sein und leben." Er lächelt. „Das wär schön!"

„Ich war als Kind überhaupt nicht selbstbewusst", sagt Moritz. Und er erzählt davon, dass er „immer schon ein bisschen anders" war und bereits während der Grundschule in seiner Klasse als Außenseiter galt. „Ich hatte eben keine teuren Markenklamotten an, ich kam nicht aus einer gut betuchten Familie wie die anderen und ich habe nicht mit den anderen Jungs im Fußballverein gekickt. Und ich hab mich auch nicht wie die anderen Jungen profiliert, indem ich auf dem Schulhof gerauft habe. Ich habe die gebrauchten Jeans von meinem Bruder bekommen und man hat, denke ich, einfach gesehen, dass wir nicht so viel Geld hatten." Moritz schützt sich davor, seinen MitschülerInnen weitere Anlässe zu bieten, über ihn zu lachen. Wenn ihn seine Mutter morgens zur Schule fährt und sie ihm einen Abschiedskuss gibt, achtet er genau darauf, dass ihn niemand aus seiner Klasse dabei sieht. Heute amüsiert sich Moritz über diese Vorsichtsmaßnahme: „Ich glaube, jedes Kind hat gerne die Mutter zum Abschied geküsst, aber alle haben das heimlich gemacht, aus Angst, deshalb als ‚Muttersöhnchen' zu gelten." Moritz ist zu dieser Zeit heilfroh, dass niemand weiß, dass seine Mutter lesbisch ist, und er tut alles dafür, nicht nach seiner Familie gefragt zu werden. Aber meistens spricht ohnehin niemand mit ihm.

Anders wird das, als er 13 oder 14 ist und zusammen mit seinem Bruder beginnt, sich politisch links zu orientieren und die ungleiche Verteilung von materiellem Reichtum innerhalb der Gesellschaft kritisch zu betrachten. Er entwickelt eigene Standpunkte, seine persönlichen Werte und ein Bewusstsein für sich; damit wachsen seine Selbstsicherheit und seine Stärke. Und so sieht er die Clique in seiner Klasse plötzlich ganz anders. „Da hab ich dann gedacht: ‚Ich weiß, was ihr seid! Ihr seid die Labels auf euren Hosen, mehr seid ihr gar nicht! Ich kann wenigstens morgens in den Spiegel gucken, ich leg keinen Wert aufs Äußere'." Was nicht ganz stimmt. Denn Moritz beginnt jetzt ganz bewusst, sein Anderssein deutlich und provokativ zu zeigen. Zum Beispiel, in dem er seine langen Haare leuchtend blau färbt und „die Klamotten noch ein bisschen krasser" auswählt. Einmal kommt sogar die Klassenlehrerin zu einem Hausbesuch und lässt vom Direktor ausrichten, er solle zumindest in der Schule ordentlich gekleidet erscheinen. Moritz schüttelt den Kopf und grinst: „Natürlich hab ich das nicht gemacht." Seitdem er selbstsicherer auftreten kann, ist es für Moritz auch keine Frage mehr, wie die anderen es wohl finden, dass seine Mutter Frauen liebt. „Da hatte ich dann auch überhaupt kein Problem mehr zu sagen: ‚Ja, meine Mutter ist lesbisch, ich hab damit kein Problem – hast du eins?'" Und das hat auch nie einen blöden Kommentar zur Folge, meistens kommen dann eher interessierte Fragen, ob es denn schlimm sei oder wie er sich damit fühle? „Ja, und dann kann man erzählen, dass das ein ganz normales Leben ist, und dann hab ich oft gehört: ‚Das ist ja toll, dass du so offen damit umgehst!'"

Mittlerweile legt Moritz es nicht mehr so sehr darauf an zu provozieren, die Haare sind mal länger und mal kürzer, und seinen Traumberuf hat er auch gefunden. Das allerdings war gar nicht so einfach. Nach dem Realschulabschluss versucht er es erst einmal mit dem technischen Gymnasium, stellt aber fest, dass er soviel Technikbegeisterung nun doch nicht hat, um Tage oder gar Nächte damit zu verbringen, ein Schachprogramm für Taschenrechner zu entwickeln oder Computer und Notebooks in Einzelteile zu zerlegen, um sie anschließend wieder zusammenzubauen. Er merkt, dass seine Neigung und sein Interesse ganz woanders liegen: „Weil ich jeden Morgen immer so sehnsüchtig gen Sonnenaufgang geguckt habe und auch gern draußen war mit dem Hund, da habe ich gemerkt, dass das, was mich glücklich macht, das Arbeiten in der freien Natur ist." Und so fiel seine Entscheidung, eine Ausbildung als Gärtner zu machen. Am besten gefällt ihm der Bereich Baumschule, denn so erklärt er mir, „im Gemüsebau und im Zierpflanzenbau geht es um Schnellproduktion. Stiefmütterchen oder Weihnachtssterne, die werden hochgezüchtet, verkauft, so blühen sie ein paar Wochen und dann sind sie tot. Aber Bäume sind was Konstantes, Stetiges, was von Dauer. Man pflanzt einen Baum und er ist auch in 50 Jahren noch da." Überhaupt gerät er ins Schwärmen, wenn er über seine Arbeit spricht. „Ich finde, das macht die ganze harte Arbeit wett, wenn man über das Ackerland läuft und sieht, wie groß die Pflanzen geworden sind." Und er erzählt, wie überwältigt er war, als er das erste Mal Steckhölzer betreut hat, Blutjohannisbeere, weißer Hartriegel, Forsythien. „Da hab ich richtige Vatergefühle gehabt, da war ein Feld von 1.500 jungen Pflanzen und das waren alle meine Kinder, denn ich hab ihnen die Kraft zum Leben gegeben."

Moritz könnte sich vorstellen, dass er die Karriereleiter noch ein paar Stufen höher klettert und Landschaftspflege studiert. Dazu müsste er zwar noch mal zur Schule gehen und sein Abitur nachholen, aber das wäre es ihm wert. Sein Traum ist es, einen Naturpark zu betreuen oder – wenn er noch ein Stück weiter in die Zukunft schaut – sich in einem Regenwald-Renaturierungsprojekt in Südamerika oder Indien zu engagieren.

Und die Liebe? Er lächelt. „Ich hatte schon als kleiner Bub ein Bild von meiner Traumfrau: braune Haare, braune Augen, eine zierliche Figur. Mittlerweile bin ich da offener", lacht er. „Aber es sollte schon die Richtige sein. Ich bin nämlich kein Experimentiertyp." Wenn er mal Kinder hat, dann ist er sich absolut sicher, dass er auf jeden Fall anders für sie da sein möchte als sein Vater.

Und wenn seine Mutter nicht lesbisch gewesen wäre, wenn alles anders gekommen wäre? „O je", schmunzelt Moritz, „da wär ich womöglich so ein oberflächlicher Typ geworden, mein Vater als Arzt hätte gut verdient, meine Mutter sparsam gewirtschaftet. Wir hätten genug Geld gehabt, wären dreimal im Jahr in Urlaub gefahren und ich hätte mir Markenklamotten gekauft." Moritz zieht eine Grimasse.

„Das war schon alles ganz richtig so."

Foto: privat (Christian), 2005

„Uns fehlt hier keine Frau!"

Christian (15) und Nadine (13)

„Emil und Olga, ihr müsst jetzt mal raus", ruft Christian den beiden Katzen zu. Liebevoll nimmt er die Tiere auf den Arm und bringt sie nach draußen. Nadine ist in der Zwischenzeit mit den beiden Hunden beschäftigt. Am Wochenende sind Christian und Nadine für die insgesamt fünf Katzen und zwei Hunde zuständig. Die beiden Pflegekinder leben mit Guido und Thomas in einem 700-Seelen-Dorf in der Eifel. Eigenes Haus, großer Garten, die perfekte Idylle? „Also, mir gefällt es eigentlich ganz gut, hier zu leben", sagt der dunkelhaarige 15-Jährige, während er noch schnell den Flur kehrt.

Endlich ist Christian irgendwo angekommen. Fünf Jahre lebt er jetzt schon bei Guido und Thomas. Guido ist Christians Onkel. Er und Thomas, seit 13 Jahren ein Paar, entschieden quasi über Nacht, Christian aufzunehmen. Nach jahrelangem Hin und Her zwischen

Mutter, Oma und Tante war eines Tages klar, dass Christian auf keinen Fall bei seiner Mutter bleiben konnte. Einen Vater gab es keinen. So stand eine Heimunterbringung an. Das konnte und wollte Guido, der bis dato nie an Kinder gedacht hatte, nicht zulassen. Thomas war einverstanden und so kamen die beiden Männer zur gemeinsamen Vaterschaft. Damals lebten sie noch in einer Mietwohnung. Die Vermieterin kündigte ihnen sofort. „Zwei Männer, das habe ich ja noch toleriert, aber jetzt auch noch ein Kind, das geht einfach zu weit." So suchten sie sich eine neue Bleibe, in der auch noch Platz für ein weiteres Kind war. Denn als alle bürokratischen Hürden mühsam überwunden waren, entwickelte sich der Kontakt zum Jugendamt so gut, dass regelmäßig weitere Pflegekinder – meist in Kurzzeitpflege – bei Guido und Thomas lebten.

Doch derzeit ist die Familienstruktur konstant. Nadine gehört schon fast eineinhalb Jahre dazu. Nachdem sich ihre Eltern vor einigen Jahren getrennt haben, zog sie mit Mutter und Schwester in eine neue Wohnung. Weil es viel Streit gab, zog die Schwester bald darauf zum Vater. Nadine kam mit der Mutter überhaupt nicht mehr klar, hatte Probleme in der Schule und wollte auch nicht zum Vater. Gemeinsam mit dem Jugendamt wurde entschieden, dass Nadine als Pflegekind bis auf weiteres zu Guido und Thomas zieht.
Zur Zeit hat sie zu beiden Elternteilen Kontakt, allerdings nur telefonisch.
Das Familienleben bei Guido und Thomas hat sich mittlerweile eingespielt. Doch am Anfang hatten Nadine und Christian Schwierigkeiten damit, bei Schwulen zu leben. Christian: „Ich bin nicht gefragt worden. Mein Onkel hat mich aufgenommen, weil ich sonst in ein Heim gekommen wäre. Ich habe gewusst, dass er schwul ist, und am Anfang fand ich das schon schlimm."
Christian besucht die 9. Klasse eines Gymnasiums. In seiner Klasse wurde früher viel über Schwule hergezogen und er selbst hat Witze über Schwule gemacht. Und natürlich hieß es, dass er bestimmt auch mal schwul wird. Aber über die Jahre hat das zweifelhafte Interesse am Thema Homosexualität deutlich nachgelassen. „Meine Freunde, die wissen das alle. Bis vor einem Jahr gab es noch so einen, der hat sich darüber immer lustig gemacht, aber da ist jetzt gar nichts mehr." Jetzt, wo Guido und Thomas „verpartnert" sind, beide das Sorgerecht für Christian haben und alle drei denselben Nachnamen, ist auch rechtlich alles klar – für Christian ein wichtiger Punkt. „Alles positiv", sagt

er, grinst und lehnt sich zurück. „Ich bin übrigens nicht schwul. Warum auch? Die meisten Schwulen und Lesben kommen ja auch nicht aus schwulen Familien. Das gab es ja damals gar nicht. Also, ich denk mal, das ist Quatsch. Die meisten Homosexuellen kommen aus ganz normalen Hetero-Familien."

Auch Nadine war über die Tatsache, bei zwei Schwulen leben zu sollen, nicht erfreut. „Ich habe früher immer Witze über Schwule gemacht und fand es total doof, hierher zu kommen. Aber seit ich hier bin, ist einiges besser geworden. Ich komme in der Schule zurecht und schreibe bessere Noten. Mittlerweile kommen auch meine Freunde in der Schule damit klar. Die finden das eigentlich ganz normal, wie Vater und Mutter halt, nur eben mit Vater und Vater."

Wenn die Hauptschülerin mit anderen in ihrer Klasse Streit hat, wird sie manchmal wegen Thomas und Guido gehänselt. „Dann sagen die: ‚Geh doch zu deinen Schwulen', und dann rege ich mich natürlich auf." Nadine lässt ihre Zahnspange blitzen und schüttelt ihre dunkelblonden halblangen Haare. Aber es gibt auch Freundinnen, die sie dann unterstützen.

Nadine nervt es, dass ihre LehrerInnen regelmäßig vergessen, dass sie bei Thomas und Guido wohnt. „Manche Lehrer sagen immer wieder, wenn ich eine Unterschrift geben muss: ‚Ich möchte die Unterschrift von deiner Mutter haben'. Da sage ich dann zwar: ‚Ich wohn bei zwei Schwulen', aber das vergessen die dann immer wieder."

Sie ist stolz darauf, wie sich ihre Noten verbessert haben, seit sie hier ist. Anfangs haben Guido und Thomas sich jeden Nachmittag hingesetzt und ihr bei den Hausaufgaben geholfen.

Dafür ist Nadine ihnen immer noch sehr dankbar.

Vermissen Nadine und Christian eine Frau im Haus? Nadine: „Also, mir fehlt jetzt hier keine Frau. Guido und Thomas sind wie zwei Väter. Sie helfen einem, wenn man Probleme hat." Christian: „Nö, mir geht da nichts ab. Ich habe zu meiner Mutter auf eigenen Wunsch keinen Kontakt mehr, aber wir haben in unserem Freundeskreis sehr viele Frauen. Es ist nicht so, als wären hier nur Männer."

Wenn Thomas und Guido sich manchmal umarmen, dann ist das für Chrstian und Nadine längst selbstverständlich. Christian: „Früher habe ich mich umgedreht und bin gegangen. War schon komisch für mich. Jetzt ist es Normalität, die sich mit diesem Familienleben in einem aufbaut. Da denkt man gar nicht mehr darüber nach." Nadine: „Es ist ganz normal. Und vorher haben auch die meisten Menschen gedacht, die würden alle ganz enge Klamotten anziehen, dabei stimmt das gar nicht."

Bei der Frage, wie sie zueinander stehen oder ob sie sich als Geschwister sehen, werden sie ein wenig verlegen. Wer soll jetzt zuerst antworten? Nadine, die jüngere, die noch nicht so lange in der Familie lebt, oder Christian, der auf alle Fragen souverän und eloquent reagiert? Eine Version, auf die sich beide einigen können, lautet in etwa so: Sie verstehen sich mal gut, mal schlecht, sie streiten sich wie alle Geschwister, und ab und zu spielen sie gemeinsam Fußball. Christian: „Manchmal fragt sie mich was wegen den Hausaufgaben, aber an sich bin ich schon lieber bei anderen Freunden."

Thomas und Guido engagieren sich stark für die Rechte von Regenbogenfamilien und möchten andere Lesben und Schwule dazu anregen, auch Pflegekinder aufzunehmen. Deshalb scheuen sie keine Öffentlichkeit und stehen gerne für Interviews zur Verfügung. So steht häufig das Fernsehen vor der Tür. Geht das den Kindern nicht manchmal auf die Nerven, dass fremde Leute ständig etwas über ihr Leben wissen wollen? Christian: „Wir wissen ja, wofür es ist. Wir machen das ja, weil wir anderen zeigen wollen, dass Pflegefamilien eine gute Sache sind." Nadine: „An manchen Tagen macht es auch Spaß, aber dann gibt es Tage, da hat man keine Lust, immer alles zu wiederholen."

Prinzipiell stehen Nadine und Christian gerne Rede und Antwort, wenn andere von ihnen wissen wollen, wie es denn in einer Regenbogenfamilie zugeht. Sie haben auch beide Kontakt zu anderen Kindern und Jugendlichen, die in lesbischen Familien aufwachsen, auch wenn das Bedürfnis danach über die Jahre besonders bei Christian stark abgenommen hat. Christian: „Ich habe jetzt keine Problemstellung mehr. Bei mir entwickeln sich keine neuen Fragen. Ich bin zufrieden, wie es jetzt ist mit den Kontakten."

Was sie anderen Jugendlichen aus lesbischen oder schwulen Familien raten würden? „Reinhängen und abwarten", sagen beide übereinstimmend, schließlich würde sich alles nach einiger Zeit normalisieren.

Christian und Nadine sind eben Profis und eigentlich durch nichts aus der Ruhe zu bringen.

Bei Fragen nach der Zukunft leben sie beide auf – Nadine, die Künstlerin werden will und zur Zeit sehr gerne zeichnet, und Christian, der sich als Anwalt, Gerichtsmediziner oder als Kampffliegerpilot sieht.

Toleranz ist für Christian ein hoher Wert. Er bemüht sich, den damit verbundenen Anspruch auch zu erfüllen: „Ich wünsche mir mehr Toleranz da draußen. Aber man kann nur dann richtige Toleranz erwarten, wenn man selbst tolerant ist. Ich glaube, ich habe daran gearbeitet."

Wenn es um die zahlreichen Regeln geht, die in der Familie gelten, herrscht allerdings keine Toleranz.

Die Tiere müssen um 18 Uhr gefüttert werden, und das heißt auch wirklich um 18 Uhr. Nadine und Christian müssen selbstverstandllich mit anpacken, was den Haushalt angeht. Es klingt ganz schön streng, was die beiden da erzählen. Doch Christian verteidigt das Konzept mittlerweile: „Es hat ja einen Stellenwert für die Zukunft. Wir lernen mit der Zeit Bügeln und Waschen und so weiter. Onkel Guido sagt immer: ‚Wenn ihr hier auszieht, könnt ihr alles, was ihr fürs Leben braucht.' Und bei einigen anderen ist das ja nicht so. Da machen die Eltern alles und die Kinder gehen nur an den PC oder machen sonst was den ganzen Tag."

Nadine und Christian teilen sich regelmäßige Putzdienste. Nadine ist froh, wenn sie danach Inline-Skater fahren oder weiter in ihrem dicken Schmöker lesen kann.

Es klingelt an der Tür – am Wochenende kommt eigentlich immer Besuch. Nadine und Christian stürmen aus dem Zimmer, nicht ohne mich vorher wohlerzogen mit Handschlag zu verabschieden.

Foto: André Richter, 2004

„DIE FANDEN MEINE MUTTER
NATÜRLICH WAHNSINNIG TOLL."

Noemi (28)

Durch die Küche zieht der Duft von Rooibos-Vanille-Tee. André gießt mir gerade eine Tasse davon ein, als die Tür auffliegt und Noemi abgehetzt und atemlos vor mir steht: „Entschuldige bitte, normalerweise komm ich nie zu spät!"

Aber unterwegs ist sie viel. Nicht nur in Berlin, wo sie Kulturwissenschaften und Italienisch studiert und seit mehreren Jahren zusammen mit André lebt, in einer Wohnung, gerade groß genug für zwei, im 5. Stock mit Blick über die Dächer von Prenzlauer Berg. Sie arbeitet gerade ehrgeizig daran, ihren Magisterabschluss vorzubereiten.

Überhaupt ist Noemi wohl keine, die sich an einem Ort, in einer Stadt für immer verwurzeln würde. Gerade seit ein paar Wochen ist sie von einer 14-monatigen Weltreise zurückgekehrt; mit André zusammen hat sie Asien, Australien und die Südsee bereist und nächste Woche wird sie für zwei Monate in London sein, „nur für einen Job, eben um Geld zu verdienen", wie sie erklärt. Sie wird für eine Airline-Catering-Firma die First-Class-Bestellungen koordinieren und dieses Mal nur die Menüs auf Reisen schicken und sie nicht selbst in 10.000 Meter-Höhe den Passagieren servieren, wie vor ein paar Jahren, als sie als Flugbegleiterin gearbeitet hat.

Unterwegs sein, auf Reisen sein – dieses Thema zieht sich eigentlich durch Noemis ganzes Leben.

1976 ist sie als Tochter einer deutschen Mutter und eines indischen Vaters in München geboren. Die ersten Jahre hat sie alleine mit Shanna, ihrer Mutter, gelebt. Kontakt zu ihrem Vater hatte sie nicht. „Meinen Vater kannte ich nicht, meine Eltern hatten – glaube ich – nie eine Liebesbeziehung. Als Kind habe ich meine Mutter mal sagen hören, dass sie nach einem gut aussehenden Mann für ihr Kind gesucht hat, das heißt, er hatte wohl in erster Linie die Funktion eines Erzeugers." Vermisst hatte sie ihren Vater nicht, „er war nie da, von daher gab es kein Verlassenwerden, keinen Schmerz, er war einfach gar nicht wichtig."

Erst viel später, mit 23, hatte sie den Wunsch, ihn kennen zu lernen, und es gelang ihr auch mit Shannas Hilfe, ihn ausfindig zu machen. „Nur ein regelmäßiger Kontakt ist daraus nicht entstanden. Er hat eine Familie und zwei Kinder, die von meiner Existenz nichts wissen sollen." Noemi bedauert das, nicht zuletzt auch deswegen, weil er ihr Indien, „das Land, das mir so anders erschien im Vergleich zu allen anderen Ländern, die ich davor gesehen habe", hätte vertraut machen können.

Als Noemi vier Jahre alt war, lernte Shanna Sandra kennen. Sandra war Italienerin, „eine ganz, ganz dicke Italienerin", wie Noemi belustigt erzählt, „das war mein allererster Eindruck von ihr." Sandra und Shanna verliebten sich ineinander, wurden ein Paar, Sandra, Shanna und Noemi eine Familie. „Ich kann mich gar nicht daran erinnern, dass ich eifersüchtig war", überlegt Noemi, „wäre ja eigentlich naheliegend gewesen, weil meine Mutter und ich hatten eigentlich immer eine ganz enge Beziehung zueinander." Aber das neue Leben war vielleicht einfach zu aufregend: Sandra, Tochter italienischer Migranten, hatte immer wieder mit dem Gedanken gespielt, zurückzugehen in das Land, in dem sie geboren wurde, und das traf sich mit Shannas Wunsch, dem Leben in der Stadt und in Deutschland den Rücken zu kehren und sich in einem wärmeren Teil Europas nieder zu lassen, um naturverbundener zu leben und spirituellen Werten mehr Gewicht, mehr Raum zu geben. Ein Traum, den viele in den frühen achtziger Jahren träumten. Shanna und Sandra begannen ihren Plan in die Tat umzusetzen. „Mit einem VW-Bulli mit einer Matratze hintendrin" machten sie sich zu viert auf die Reise – die vierte, das war Diana, die Tochter einer Freundin der Familie, die für eine Zeit bei ihnen lebte. „Wir waren ein Herz und eine Seele", erinnert sich Noemi, „wie Schwestern." Sie blieben zunächst für ein paar Monate im Schwarzwald und zogen dann weiter Richtung Süden. In der Toskana fanden sie schließlich ein Haus am Rande eines winzigen Dorfes, in dem ihr Vorhaben wahr werden sollte.

„Wir wohnten in einem uralten Bauernhaus aus dem vorletzten Jahrhundert, absolut idyllisch, oben auf einem Hügel, mit einem Zypressenweg, der zum Haus hinaufführte, und wir hatten einen riesigen Garten, der immer größer wurde." Noemi hat sehr schöne Erinnerungen an ihre Kindheit und fand es toll, im Wald zu spielen oder am nahe gelegenen See. Sie fuhren ans Meer. Doch die Idylle hatte auch Nachteile und zwei der einschneidendsten hießen Fremdsein und materiell sehr eingeschränkt zu leben. Fremd, anders und exotisch, das waren sie. Sie galten als Ausländerinnen, auch wenn Sandra Italienerin war, italienisch sprach und so auch diejenige war, die Kontakte zu den Dorfbewohnern knüpfte und Jobs ausfindig machte, mit denen sie ihren Lebensunterhalt bestreiten konnten. „Was ja nicht einfach war", erinnert sich Noemi, „denn weder Shanna noch Sandra hatten anerkannte Abschlüsse, das bedeutete, sie machten erst mal alles, wofür sie gebraucht wurden: Schafe hüten, Wein ernten, alte Leute pflegen." Später begannen sie in ihrem Haus, Massagen für die Frauen im Dorf anzubieten. So kamen die Frauen mit Schmerzen in Rücken, Schulter oder Knie, um sich massieren zu lassen, aber ganz oft war das Wichtigste, dass sie sich einfach mal ihre Sorgen von der Seele reden konnten. „Shanna und Sandra waren dabei, ich weiß gar nicht, wie ich das nennen soll – so was wie Beichtmütter", erzählt Noemi. Oder wie Hestia, die griechische Göttin, bei der die Frauen am Herdfeuer saßen, sich wärmten und Rat holten.

Auf eine Weise gelang es also der Familie ganz gut, sich in ein toskanisches Dorf zu integrieren, dennoch blieben sie die Exotinnen, die in ihrem Anderssein bestaunt, belächelt, mit Kopfschütteln oder auch mit Mitleid bedacht wurden. „Wir waren einfach in allem anders", erklärt Noemi, „wie wir uns kleideten, was wir aßen, wie wir unser Haus einrichteten und vor allem, dass wir einfach ganz offensichtlich arm waren. Das Unverständlichste daran für die Italiener war, dass wir ja freiwillig so lebten."

Dazu kam, dass sie nicht in die Kirche gingen. Noemi war weder getauft, noch war sie wie alle anderen Kinder zur Kommunion gegangen und empfing auch nicht die Cresima. Anlass für den Pfarrer, regelmäßig auf dem Hügel vorbeizuschauen. „Außerdem wollte er im Frühjahr immer das Haus segnen, wie es in Italien auf dem Land Brauch ist." Aber Sandra und Shanna weigerten sich standhaft. „Sie diskutierten und scherzten mit ihm, aber sie ließen ihn nie das Haus betreten, ließen ihn nie über die Schwelle."

Von daher war es da nur noch ein Tüpfelchen auf dem „i", dass Shanna und Sandra zwei Frauen waren, jung und gut aussehend, die ganz offensichtlich ohne Männer lebten. „Auch das war für die Leute im Dorf äußerst merkwürdig, aber sie fanden ganz schnell eine Erklärung dafür. Sie sagten: die eine ist ‚la mamma', also die Mutter, und die andere ist ‚la zia', die Tante. Auch wenn sie genau wussten, dass Sandra nicht meine Tante ist, aber das war ihnen egal."

Noemi, für die Sandra ihre zweite Mutter war und die mit dem Wissen aufgewachsen war, dass es Frauen gibt, die einander lieben, und die wusste, dass ihre beiden Mütter sich lieben, war dennoch froh, dass ihr die öffentliche Auseinandersetzung mit diesem Thema erspart blieb: „Ich war Sandra und Shanna sehr dankbar dafür, dass sie sich nicht auf dem Dorfplatz geküsst haben und es nicht an die große Glocke gehängt haben, dass sie ein Paar sind." Und die Lösung, dass Sandra „la zia" war, fand sie letztendlich ganz praktisch: ich hab dann selber, wenn ich von Sandra gesprochen habe, gesagt: ‚meine Tante'."

Das offensichtliche Anderssein war schon anstrengend genug.

„Ich weiß nicht, ob das allen Kindern so geht, aber ich war ein Kind, das lieber so sein wollte wie alle anderen Kinder, ich wollte am liebsten gar nicht auffallen, aber das war schlichtweg unmöglich, weil ich mit allem aufgefallen bin, in nichts war ich so wie die anderen." Die Frage nach ihrem Vater war die meist gefürchtetste Frage für Noemi: „Am liebsten hätte ich gesagt, meine Eltern sind geschieden und er ist Busfahrer – im nächsten Dorf oder so." Zu sagen, dass ihre Mutter und ihr Vater nie zusammengelebt hatten, geschweige denn verheiratet gewesen waren, war für die dörflichen Moralvorstellungen schlichtweg undenkbar. Erwähnte sie, dass ihr Vater Inder ist, machte es das keinesfalls einfacher, denn die italienische Übersetzung für Inder, also „indiano", ist gleichlautend mit der Bezeichnung für die Ureinwohner Amerikas. „Die stellten sich meinen Vater dann als einen vor, der wie Winnetou mit Federn auf dem Kopf rumläuft." Sie zuckt mit den Schultern und lacht.

Auch wenn es aussichtslos schien, setzte Noemi alles daran, um möglichst wie die anderen zu sein. Von Vorteil war, dass sie mit ihrem dunklen Teint unter den schwarzhaarigen Kindern nicht herausstach. „Ich hätte gut als Süditalienerin durchgehen können." Zum anderen gelang ihr das dadurch, dass sie in kurzer Zeit die Sprache lernte und zwar so perfekt, dass sie lange in Italienisch die Klassenbeste war. Als einen Versuch, sich anzupassen, sieht sie heute auch die Freundschaft zu einem Jungen im Dorf, in den sie sich mit 14 verliebte und mit dem sie mehrere Jahre lang liiert war. „Bis ich feststellte, dass mich die Beziehung zu ihm einengt. Ich merkte, dass ich mir mein Leben ganz sicher nicht so vorstelle, dass ich ihn heirate und den Rest meines Lebens mit ihm in diesem Dorf verbringe." Zunächst aber bot die Beziehung zu diesem Jungen die ersehnte Integration in die Normalität der dörflichen Gemeinschaft und eines italienischen Familienlebens.

Die folgenden Jahre brachten für Noemi schließlich tiefgreifende Veränderungen. Nicht nur erfreuliche. Ihre Eltern trennten sich, Sandra verließ die Familie, ein Einschnitt, ein schmerzhafter Bruch für alle drei.

Shanna gab das Haus auf und suchte sich Arbeit, um den Lebensunterhalt für beide zu finanzieren.

Diese Umbruchsituation hatte jedoch auch eine wunderbare Seite: Noemi konnte in der Kleinstadt, in der sie das Gymnasium besuchte, eine eigene kleine Wohnung beziehen. Sicher hatte das auch praktische Gründe. Die langen, zeitraubenden Fahrwege fielen weg, aber vor allem ging es um Noemis Wunsch, selbständig zu sein und eigenständig zu leben. Und den hatten Shanna und Sandra schon immer unterstützt. Vorbehaltlos bis heute, wie Noemi lächelnd erzählt.

Das Entscheidendste aber in dieser Zeit war für Noemi, dass sie feststellte, dass sie gar nicht mehr sein wollte „wie all die anderen, dass ich gar keine Lust mehr hatte, mich anzupassen, mich zu geben, wie ich eigentlich gar nicht bin." Erleichtert hat ihr dieses Zu-sich-selbst-Finden, dass sie auf ihrer Schule andere Jugendliche kennen lernte, die mit der katholischen dörflichen Tradition gebrochen hatten, die sich politisch links-alternativ orientierten, die Punks waren, und – wie Noemi erzählt – „wir zum Beispiel sofort, wenn uns in der Schule irgendwas nicht passte, Schulstreiks organisierten." In den Diskussionen, den Träumen und Visionen dieser Jugendlichen-Gruppe fand sie das wieder, was sie von zu Hause her kannte. „Die fanden meine Mutter natürlich wahnsinnig toll, die haben mich beneidet darum, wie ich aufgewachsen bin."

Nach dem Schulabschluss entschloss sich Noemi, nach Deutschland zurückzugehen. „Studieren, das war das einzige, was ich mir vorstellen konnte, und die einzige Richtung, auf die dieses Elitegymnasium, auf dem ich mein Abitur gemacht habe, vorbereitet hat. Also tat ich das, was mir als Berufsweg vorgezeichnet war: ich studierte."

Doch mittlerweile hat sie in viele Richtungen geschaut.

Eins aber ist klar: „Auf jeden Fall wollen André und ich weg aus Berlin und weg aus Deutschland. Einer unserer Träume ist es, ein Guest-House zu eröffnen, das ein Treffpunkt für Reisende aus aller Welt ist. Ein Ort, an dem kultureller Austausch möglich ist und an dem man entspannt sein und auch feiern kann!" – Ein bisschen klingt es wie Shannas und Sandras Idee von damals. „Stimmt", sagt Noemi, „André und ich haben uns auch schon ein Haus in der Toskana angeschaut, ganz in der Nähe von unserem damals." Sicher ist sie sich allerdings, dass sie immer genügend Geld zur Verfügung haben möchte, nicht um im Luxus zu schwelgen, aber um ohne Geldsorgen zu leben.

Aber vielleicht zieht es die beiden auch nach Australien.

Oder nach Neuseeland.

Ganz sicher ist jedenfalls, dass Noemi immer wieder Reisen unternehmen wird. Auch nach Indien, in das Land, aus dem ihr Vater stammt und der einzige Ort, an dem die Leute sofort ihre indische Herkunft bemerkten. „In Italien hat mir niemand geglaubt, dass ich Deutsche bin, in Deutschland haben mich alle als Ausländerin wahrgenommen, ausnahmslos alle haben mich gefragt, woher ich denn komme, nur in Indien haben sie mich als eine, die von dort stammt, erkannt."

Vielleicht kommt auch irgendwann der Tag, an dem sie ihre indischen Verwandten besucht und ihre Tanten, Onkels, Cousinen und Cousins kennenlernt, die sie noch nie gesehen hat.

Neugierig darauf wäre sie.

Foto: Shadi Amin, 2005

„ICH MUSSTE ERSTMAL BEGREIFEN, DASS ES DAS LEBEN MEINER MAMA IST."

Ajin (16)

„I will always love you", singt Ajin am Ende unseres Gesprächs noch einmal extra für mich, und ich sehe sie vor mir, wie sie vor zwei Monaten auf der Buchmesse in Frankfurt bei ihrem ersten großen Auftritt vor hundert ZuhörerInnen auf der Bühne steht, kurz die dunklen Augen schließt, ihre braunen Locken zurückstreicht und dann ihre Stimme erhebt und mit ihrem ganzen Körper zu singen beginnt.

Natürlich kann sie sich vorstellen, dass Singen ihr Beruf wird. Das sagt sie mit einem kleinen Lächeln. „Klar wäre ich gern 'ne berühmte Sängerin, immer auf der Bühne, immer auf Tournee." Aber sie weiß, dass es nicht leicht zu schaffen ist, „richtig gut und weltbekannt" zu werden, so wie es ihr Wunsch wäre. Da macht sich Ajin nichts vor. Daher wird sie eher einmal Jura studieren, um Rechtsanwältin zu werden. Sie stellt sich vor, dass sie sich auf zwei Schwerpunkte konzentrieren wird: internationales Menschenrecht und Finanzrecht. Der

Ajin (16)

eine Bereich, weil es ihr ein Anliegen ist, sich für Menschen, denen Grundrechte verweigert werden, politisch einzusetzen, und der andere, den hat sie ganz profan zum Geldverdienen gewählt. Denn Flüchtlinge zu vertreten, das weiß sie, davon wird man nicht reich, „und von etwas leben muss ich ja schließlich auch." Und dann gibt es neuerdings eine weitere Zukunftsvision, nämlich auf Kuba oder in Brasilien ein Hotel zu eröffnen – richtig groß kann es sein, 200 Zimmer oder mehr. „Kuba ist nämlich unser nächstes Reiseziel", erzählt sie. Im nächsten Jahr hat sie mit ihren Müttern Shadi und Jule vor, dort Urlaub zu machen.

Ajins Name ist kurdischen Ursprungs. Er bedeutet, die, die mit einem guten Ziel lebt, und der Name passt gut zu ihr. Denn Ajin ist eine, die gerne Pläne schmiedet und der es Spaß macht, Ideen zu spinnen. Doch sie hat noch etwas Zeit, sich endgültig zu entscheiden, in welche Richtung sie beruflich gehen möchte. Ajin ist 16 und besucht derzeit die 11. Klasse des Gymnasiums.

Sie ist Tochter iranischer Eltern, die beide unabhängig voneinander ihr Land aus politischen Gründen verlassen haben, sich in Frankfurt kennen lernten und heirateten. Ajin wurde in Frankfurt geboren und ist durch ihre Eltern eng mit der persischen Kultur verbunden. Sie selbst bezeichnet sich als eine, die zwei kulturelle Identitäten hat, „aber", so betont sie, „ich fühle mich insgesamt mehr persisch. Zu Hause ohnehin, denn da sprechen wir ja auch persisch. In der Schule allerdings bin ich vielleicht mehr deutsch. Wobei das stimmungsabhängig ist."

Ihre Mutter und ihr Vater trennten sich, als Ajin sechs oder sieben Jahre alt war. Ajin fand es zunächst schrecklich und fühlte sich verunsichert. Sie beschäftigte sich mit den Fragen, die die meisten Kinder in Trennungssituationen quälen: Was passiert jetzt mit unserer Familie? Wen darf ich wann sehen? Ihre Mutter und ihr Vater bemühen sich, es für Ajin so leicht wie möglich zu machen. Sie darf pendeln, wann immer sie möchte, sie hat zwei Orte, die beide Zuhause für sie sind, die Wohnung des Vaters genauso wie die Wohnung der Mutter – und ihre Eltern lehren sie, auf ihre eigenen Gefühle und Bedürfnisse zu achten. „Sie haben mir beigebracht, dass ich schauen soll, wann es mir, und zwar ganz alleine mir, wichtig ist, bei Papa zu sein und wann ich bei Mama sein will. Meine Eltern haben mir beigebracht, nicht zu denken: ‚Ach, Papa wünscht es sich, dass ich komme, dann mache ich das, um ihn nicht zu enttäuschen.'" Ajin entscheidet deshalb eigenverantwortlich: „Mal bin ich zweieinhalb Monate hier bei meinem

Papa und dann wieder vier Wochen bei meiner Mama und Jule oder umgekehrt."

Ajin hat das große Glück, eine Mutter und einen Vater zu haben, die es schaffen, sich gut und einvernehmlich zu trennen und weiterhin verantwortungsvolle Eltern zu sein. Ajin schätzt es sehr, dass ihre Eltern ihr so viele Möglichkeiten bieten, sich frei zu entfalten: „Es war bei uns in der Familie immer so, dass wir uns alle viel Freiraum gegeben haben."

Als Ajin neun Jahre alt war und die Mutter aus beruflichen Gründen für ein paar Jahre nach Berlin zog, entschieden alle drei, dass Ajin in ihrer gewohnten Umgebung, bei ihren Freundinnen und Freunden und in ihrer Schule bleiben soll. Ajin wohnte nun bei ihrem Vater; sie vermisste ihre Mutter sehr. Gleichzeitig begann für sie auch eine überaus aufregende Zeit, denn Ajin durfte nun am Wochenende, nicht an jedem, aber an jedem zweiten, mit dem Zug nach Berlin fahren, und zwar alleine. „Das waren so meine ersten Allein-Abenteuer. Und ich war total stolz, dass ich das durfte und hab das auch gerne erzählt, weil die anderen haben dann immer ganz große Augen gekriegt und mir das oft erst mal gar nicht geglaubt."

Ebenso wenig wie die Tatsache, dass ihre Mutter mit einer Frau zusammenlebt. Für Ajin ist das zunächst auch neu, ungewöhnlich, fremd. Sie erinnert sich noch haargenau an die Situation, als ihre Mutter ihr vor fünf Jahren erzählte, dass sie sich neu verliebt hatte. „Wir saßen zusammen im Auto und da hat sie mir gesagt, dass sie bei einer Frauenkonferenz jemanden kennen gelernt hat. Und da hab ich gedacht, huch, wie jetzt! Da waren doch gar keine Männer!" Ajin lacht. „Ja, und dann hat sie mir Jule vorgestellt und das Tolle war, dass ich sie sofort ins Herz geschlossen habe. Und sie mich. Ich glaube, die Jule hat die ganze Familie erobert!" Dennoch gesteht sie, dass sie zunächst verwirrt war, dass sie dieses Neue im Leben ihrer Mutter erst einmal einordnen musste und Zeit brauchte zu sortieren, was es für sie als Tochter bedeutet. „Obwohl ich so erzogen worden bin: Sei tolerant und sei erst mal aufgeschlossen, wenn jemand dir etwas erzählt, was du bis jetzt noch nicht kennst. Aber wenn's dann einen selbst betrifft, dann ist es doch ein bisschen anders." Den Prozess, den sie für sich vollzogen hat, fasst sie so zusammen: „Ich musste erst mal begreifen, dass es das Leben meiner Mama ist und nicht meins, dass ich leben kann, wie ich will, und sie so, wie es sie glücklich macht. Auch wenn meine Mama lesbisch ist, ich kann trotzdem hetero sein oder wenn meine

Ajin (16)

Mama hetero wär, könnte ich trotzdem homosexuell sein." Unterstützung hat sie in dieser Anfangsphase von einem Mädchen, das ebenfalls mit einer lesbischen Mutter aufwächst. „Eigentlich waren wir davor gar nicht so eng befreundet, aber das hat uns irgendwie sehr verbunden." Und auch ihre Freundinnen halten ganz solidarisch zu ihr.

Vielleicht, weil sie sich selber Zweifel zugestanden hat, vielleicht, weil Offenheit einen großen Wert für sie hat, jedenfalls hat Ajin Verständnis, dass andere zunächst verwirrt reagieren, wenn sie erfahren, dass Ajin zwei Mütter und einen Vater und damit drei und nicht nur zwei Eltern hat. Die meisten Fragen, die andere ihr stellen, so dumm sie Ajin zuweilen auch erscheinen mögen, entstehen schlichtweg aus Unwissenheit, vielleicht auch aus Neugier, vermischt mit pubertärem Gehabe, findet Ajin. Sie bemerkt, dass in der Schule viel zu wenig Informationen über Homosexualität vermittelt werden. Ebenso wie über Heterosexualität. „Ich meine, vielleicht bildet sich jemand nur ein, er sei hetero, aber ist es gar nicht oder fühlt sich unter Druck gesetzt, hetero sein zu müssen. So was müsste doch in der Schule mal Thema sein!" Überhaupt kritisiert sie, dass wirklich wichtige Dinge in der Schule keinen Platz haben. „Über alles wird in der Schule geredet, nur nicht über alltägliche Dinge, die wirklich etwas bedeuten. Mit Mathe werde ich später vielleicht nichts mehr anfangen, aber wie ich mich als Person in der Gesellschaft bewege, wie ich mit Menschen aus verschiedenen Kulturen und Schichten oder sexuellen Verhältnissen klar komme, das ist wichtig, und wenn ich das nicht hinkriege, dann nützt mir doch auch alles, was ich über Mathe weiß, nichts!" Deshalb steht Ajin gerne Rede und Antwort, wenn andere etwas über ihre Familie wissen wollen. Und meistens sagt sie dann ganz entwaffnend: „Weißt du, es ist gar nicht wirklich so was Ungewöhnliches, wie du denkst. Komm doch mal zu Besuch zu uns, dann wirst du sehen, es ist gar nicht so komisch, wie du es dir vorstellst. Höchstwahrscheinlich ist es sogar normaler als in manchen anderen Familien." Klar gibt es auch die, die verschlossen, abweisend und zynisch reagieren. Aber bei denen zieht Ajin blitzschnell ihre Konsequenzen: „Da sag ich dann: ‚Hey, wenn du zu blöd bist, um mit mir darüber zu reden, dann dreh dich um und guck weg, ja!' Bei manchen war's wirklich so, dass ich gedacht habe, du bist es nicht wert, dass ich länger mit dir diskutiere!" Auf jeden Fall ist die Reaktion der anderen für sie ein Gradmesser für Freundschaft, denn, so stellt sie fest, „da hat man dann ganz schnell gemerkt, welche eigentlich echte Freunde sind." Wenn absolut grenzverletzende und beleidigende Kommentare kommen, kennt Ajin kein Pardon. „Ich habe ein sehr, sehr spitzes Mundwerk. Ich kann durchaus gemein werden und mir gelingt es gut, jemanden zur Schnecke zu machen!" So wie ihre Augen jetzt funkeln, glaube ich ihr das aufs Wort. Einmal ist ihr das hier im Viertel drei Häuser weiter passiert, dass sie mit einem Jungen, der ihre Mutter beleidigt, handfest aneinander geraten ist. Er schubst sie. Klar lässt Ajin das nicht einfach geschehen. Sie schlägt ihm gezielt mit der Faust ins Gesicht. „Also, wenn mich jemand physisch angreift, dann hab ich kein Problem damit, mich zu verteidigen. Da gibt's bei mir nicht dieses ‚Verhalte-dich-wie-eine-Lady' oder so, so was kenn ich dann nicht." Und körperliche Kraft hat sie, lange genug hat sie im Fußballverein trainiert, sieben Jahre kickt sie im Mittelfeld auf rechts außen. Weil sie sich zwischen Fußballtraining und Gesangsunterricht entscheiden muss, spielt sie zurzeit nicht mehr. Dafür liebt sie es aber, ihren Vater zu begleiten, wenn er mit seiner Mannschaft ein Fußballspiel hat oder aber die beiden sitzen bei Cola und Chips vor dem Fernseher und schauen sich Boxkämpfe an. Oder sie kämpfen im Wohnzimmer selbst. Das sind die Sternstunden mit ihrem Vater, denn, wie sie sagt, „wir sind beide Sportfanatiker." Auf jeden Fall findet Ajin es wunderbar, ihren Papa alleine für sich zu haben. Am liebsten ist ihr, wenn er Single ist. „Immer, wenn er eine Freundin hatte, dachte ich, sie nimmt mir meinen Papa weg", sagt sie und lacht. „Ich mach da viele Scherze darüber, aber ein bisschen ist da auch Ernst mit dabei."

Wenn Ajin bei Shadi und Jule wohnt, genießt sie es „von vorne bis hinten" bemuttert und verwöhnt zu werden. „Bei meinem Vater muss ich einfach selbständig sein, aber bei Jule und Mama werde ich morgens geweckt, kriege Kaffee ans Bett und Frühstück vorbereitet."

Aber das Bemuttert- und Verwöhnt-Werden hat leider auch eine Kehrseite, es bedeutet nämlich auch mehr Kontrolle. Und die würde Ajin am liebsten abschaffen. „Nicht, dass meine Mutter mir was verbieten würde, aber sie besteht eben darauf, dass ich anrufe und ihr immer Bescheid gebe." Aus diesem Alter, findet Ajin, ist sie allmählich raus. Sie freut sich schon darauf, alleine zu wohnen. Mit 18 wird sie ausziehen, nach dem Abitur, wenn sie studiert.

Das Wichtigste an ihrer Familie ist für sie aber, wie sie heute sagt, „dass ich keinen von meinen Elternteilen verloren habe, der Papa ist ja immer noch da und die Mama ist da. Es ist halt nur noch jemand dazu gekommen, die Jule. Und die würde ich um keinen Preis missen wollen!" Und auch nicht das, was es mit Shadi und Jule zu erleben gibt. Zum Beispiel Abende wie diesen, an dem die drei sich – wie meistens

Ajin (16)

dienstags – fürs Kino verabreden und dort angekommen, feststellen, dass sie für den Film, den sie sehen wollen, drei Stunden zu früh dran sind. Sie überlegen, was sie tun könnten. „Da sind wir die Straße entlanggelaufen und haben plötzlich einen Friseur für zehn Euro entdeckt. Da haben wir uns ganz spontan entschlossen, dass wir zum Friseur gehen. Und dann saßen wir da zu dritt und haben uns alle neue Frisuren machen lassen, waschen, schneiden, färben, Dauerwelle, das ganze Programm und anschließend mussten wir uns total beeilen, damit wir nicht zu spät zum Film kommen. Ja, und da saßen wir dann im Kino mit unseren neuen Frisuren! War völlig unnötig, wir hatten voll viel Geld ausgegeben, und darüber haben wir uns schief gelacht. So was kann man nur erleben, wenn man mit Frauen unterwegs ist."

Foto: Privat (Lars); Julia Hübner (Karen), 2004

„WAS ICH AM BLÖDESTEN FAND, WAR DIE FRAGE:
‚UND WIE BIST DU DENN DANN ENTSTANDEN?'"

Karen (20) und Lars (21)

„Unsere Mutter hat sich jedenfalls immer die richtigen Frauen ausgesucht", stellen Karen und Lars anerkennend und zufrieden fest. „Wenn man von ein paar Ausnahmen absieht." Am Anfang war da Christiane, die erste Partnerin der Mutter. Zusammen haben die beiden das Haus renoviert. „Christiane war Architektin und handwerklich sehr, sehr begabt, Fliesen verlegt hat sie, sie hat im Garten ganz viel gemacht und das Haus, das der Vater total schief gebaut hat, also man kann nicht sagen, dass es dadurch verfallen wär, eher das Gegenteil ist der Fall."

In dem geräumigen Einfamilienhaus lässt es sich gemütlich wohnen und es bietet außerdem noch genügend Platz für Feriengäste.

In diesem Haus am Rand der Plattenbauten von Rostock-Lichtenhagen, dort, wo der Ostseestrand nicht weit ist und der Wind vom Meer her kräftig bläst, treffen wir uns an einem kalten, sonnigen Januartag.

Karen (20) und Lars (21)

Mit Karen, die 20 ist und hier noch zusammen mit ihrer Mutter wohnt – „nicht mehr lange", wie sie betont, „denn vielleicht habe ich schon bald eine Lehrstelle in Hamburg" – und mit Lars, der ein Jahr älter ist und ebenso wie Jan, der älteste, bereits seine eigene Wohnung hat, sitze ich bei einer Tasse Tee im Wohnzimmer.

Nicht nur in der Wahl ihrer jeweiligen Partnerinnen stellen die beiden ihrer Mutter gute Noten aus. Auch die Erziehung ihrer drei Kinder, so bemerken sie mit Hochachtung, habe sie „richtig gut" hingekriegt. Weitgehend ohne Unterstützung des Vaters übrigens, der noch nie viel „familiäre Intelligenz" besessen habe, denn auch damals, als er noch bei ihnen lebte, habe die Mutter „das mehr oder weniger alleine" gemacht. „Der Vater hat sich nach der Trennung", erinnert sich Lars, „immer mehr abgesondert. Er fand es überflüssig, wenn er Unterhalt zahlt, und bei uns meldet er sich nur ungefähr drei Mal im Jahr: zu Weihnachten, zu Ostern und zu einem von unseren Geburtstagen." Karen zieht die Augenbrauen hoch. „Dabei ist es durchaus nicht so, dass wir alle an demselben Tag Geburtstag haben!"

So war es also die Mutter, die alles organisiert hat, ihren Beruf, den Haushalt und die Erziehung der Kinder.

Sehr viel Vertrauen habe sie ihnen entgegen gebracht, finden die beiden. „Wir hatten weitaus mehr Freiheiten als andere", berichten sie nicht ohne Stolz. „Das wäre mit dem Vater nie möglich gewesen, der hätte da viel mehr den Daumen drauf gehalten", meint Karen. An Auseinandersetzungen darüber, wer wie lange weggehen durfte, erinnern sich die beiden gar nicht, dafür aber an die Bitte: „Melde dich, wenn was ist" und daran, dass sie die Mutter anrufen konnten, wenn sie nicht wussten, wie sie nachts aus der Stadt zurückkommen sollten. Als Lars allerdings mit 16 seinen eigenen Fernseher bekam und nicht kapierte, warum er nicht um zwei Uhr morgens noch fernsehen durfte, da griff sie zu einer einfachen, aber wirksamen Maßnahme: Sie zog abends spätestens um halb zwölf das Antennenkabel aus der Steckdose. Lars versteht bis heute nicht, warum er der einzige war, bei dem sie so konsequent einschritt. „Na ja, weil ich die Woche über von selber um elf ins Bett gegangen bin – darum", stellt Karen klar und grinst, „ich war eben früher vernünftig." Typisch war dieses harte Durchgreifen bei der Mutter jedoch nicht, sie setzte eher darauf, mit ihren Kindern ins Gespräch zu kommen und sie so von ihren Ideen zu überzeugen. „Also, man konnte mit Mutti über fast alles reden. Jetzt vielleicht abgesehen von so Männerthemen wie ‚das erste Mal' oder so", berichtet Lars. „Hättest du da etwa mit Vati darüber geredet?" platzt

Karen erstaunt dazwischen. „Um Gottes willen, nein!" Lars schüttelt den Kopf. „Mit ihm war das auch undenkbar."

In den letzten Jahren hat ihre Mutter viel über die Zukunft mit ihnen gesprochen, über das schwierige Thema Berufswahl zum Beispiel. „Dass ich Zivildienst gemacht habe, das kam zum Beispiel von ihr. Das ist diese pazifistische Prägung, die habe ich von ihr übernommen", erzählt Lars. Dabei fällt ihm ein, dass die Mutter ein weiteres Mal äußerst konsequent durchgreift, dann nämlich, als Lars seine Ausbildung zum Informatiker abbricht, und fast zwei Jahre arbeitslos ist, was bedeutete, dass er die meisten Nächte in den Bars und Clubs der Rostocker Punkszene unterwegs war und tagsüber schlief. „Da hat Mutti mir irgendwann auf die Schuhe getreten und mich schließlich rausgeschmissen. Sie hat gesagt: ‚Ich kann mir das nicht mehr länger mit ansehen, du musst hier erst mal raus. Ich zahle dir 'ne Wohnung, aber du musst jetzt mal auf eigenen Beinen stehen.'" Und kurz darauf hatte sie ihm die Lehre zum medizinischen Dokumentar vorgeschlagen. „Sie hatte das in der Zeitung gelesen und hat es mir gezeigt und gesagt: Sag mal, wär das nicht was für dich?'" Zwei Tage später hatte er das Vorstellungsgespräch und gleich darauf einen Ausbildungsplatz.

Auf dieses Glück hofft Karen noch. Sie ist gerade dabei, eine Bewerbung nach der anderen rauszuschicken und darauf zu warten, ob sie eine Reaktion bekommt oder vielleicht sogar einmal die Chance, sich persönlich vorzustellen. Schneiderin möchte sie werden und am liebsten würde sie am Theater arbeiten. Am Rostocker Stadttheater macht sie gerade ein Praktikum. „Wäre schon toll, wenn das mit Hamburg klappen würde", sagt sie. Auf die Stelle in Hamburg hofft sie auch deswegen, weil sie trotz aller Bewunderung für ihre Mutter und dem guten Verhältnis zu ihr findet, dass ihnen beiden ein räumlicher Abstand gut täte oder dass er, genauer gesagt, dringend angesagt wäre. „Wenn wir uns zum Beispiel nur ein oder zwei Mal die Woche sehen würden, würde das vollkommen ausreichen. Denn ich war immer so froh, dass ich zwei Brüder hatte und kein Einzelkind war und jetzt bin ich nämlich gerade im Begriff, eins zu werden."

Vor zehn Jahren, als Karen, Lars und Jan zehn, elf und 14 waren, die Trennung vom Vater liegt bereits zwei Jahre zurück, da verliebt sich die Mutter in eine Frau. „An Ostern war das" erzählt Lars, „da hat sie uns Christiane vorgestellt, beim Osterspaziergang am Schnattermann." Lars erinnert sich noch ganz genau an diesen Tag. Karen dagegen sucht vergeblich in ihren Erinnerungen. Sie schüttelt den Kopf. „Ich weiß überhaupt nicht mehr, wann und wie sie uns das gesagt hat. Ich weiß nur noch, dass ich dachte: ‚Okay, dann ist das eben so.' Ich habe das zur Kenntnis genommen. Ich kann mich nicht erinnern, dass es ein Problem für mich gewesen ist." Karen und Lars finden Christiane ganz sympathisch, wenn auch streng, wie sie ziemlich schnell feststellen. Kurze Zeit später zieht sie bei ihnen ein. Klar für die Kinder ist jedoch, dass Christiane eine „Familienfreundin" ist, die bei ihnen wohnt, aber dass sie ihr nicht die Erlaubnis geben, eine zweite Mutter für sie zu sein. „Also sagen lassen habe ich mir von ihr nichts. Einmal wollte ich auf die Schlittschuhbahn, da hat sie zu mir gesagt: ‚Du kriegst kein Mittagessen, wenn du dein Zimmer vorher nicht aufräumst.' Da hab ich mir gedacht: ‚Was ist das denn für ein Scheiß? Ist mir doch egal, dann krieg ich eben kein Mittagessen.'" Karen stellt ihre Ohren komplett auf Durchzug, ignoriert Christianes Anweisungen und geht ihrer Wege. „Wir haben sie in manchen Dingen einfach nicht ernst genommen", gibt Lars ganz offen zu. Er glaubt, dass es Christianes rigorose Art ist, wie sie bestimmte Verhaltensregeln durchsetzen will, die die Kinder irritierend und fremd finden. „Unsere Mutter hat eben nie mit Strafen gearbeitet, mit Hausarrest oder so etwas." Einmal jedoch hat Christianes strikte Art ein durchaus wirkungsvolles Ergebnis. Dann nämlich, als sie mit Lars für eine Geografiearbeit lernt, und keine Ausflüchte gelten lässt, bis der Stoff komplett durchgearbeitet war. „Und dann hab ich tatsächlich eine eins geschrieben", freut sich Lars heute noch, „es hatte also manchmal auch sein Gutes, dass sie so streng war." „Überhaupt", meint Karen nachdenklich, „gab es schon immer wieder Momente, wo ich mir später überlegt habe, was war das jetzt, was sie mir da gesagt hat? Und manchmal habe ich festgestellt, eigentlich ist das gar keine so schlechte Idee, eigentlich hat sie Recht damit."

Nach vier Jahren trennen sich Christiane und die Mutter. Christiane zieht aus. „Dann waren wir eben wieder zu viert" resümieren Karen und Lars etwas zurückhaltend. Sie empfinden die Trennung als einen nicht allzu großen Verlust. Dennoch finden die Kinder es gut, dass die Mutter entscheidet, nicht mehr so schnell mit einer Freundin zusammenzuziehen. „Aber vorgestellt hat sie uns ihre Freundinnen immer. Jedes Mal hat sie gesagt: ‚Na, und wie findet ihr sie denn?'" Karen und Lars lachen. „Das konnte man nach fünf Minuten ja nicht beurteilen, aber meistens hab ich dann gesagt: ‚Ja, doch, sie ist nett' und selbst wenn ich sie nicht gemocht hätte, hätte ich ihr das nicht gesagt. Schließlich ist es ja ihr Ding, und wenn sie mit ihr glücklich ist." Eine Frau gab es indessen im Leben ihrer Mutter, zu der sie absolut keinen

Draht bekamen. „Also bei der musste man sich wirklich zusammenreißen, die fanden wir ziemlich abgedreht", erzählt Karen. Nicht, dass Karen, Lars oder Jan das direkt gesagt hätten. Sie warten brav ab, bis die Mutter sie endlich ins Vertrauen zieht. „Sie hat uns dann gefragt: ‚Was glaubt ihr, wäre es schlimm, wenn ich mich von ihr trenne?' Und wir so: ‚Nee, überhaupt nicht!' Und gedacht haben wir: ‚Na endlich!'"

Die derzeitige Partnerin ihrer Mutter mögen Karen und Lars beide sehr gern. „Mit ihrem Sohn versteh ich mich auch sehr gut", erzählt Lars, „er ist so ein Computerfreak wie ich." Aber nach wie vor finden Karen und Lars, dass die Lebensform und die Liebesbeziehungen ihrer Mutter sie als Kinder nicht unbedingt etwas angehen.

Auch um die Meinungen der anderen haben sie sich, so betonen Karen und Lars, nie groß gekümmert. Klar, manche Fragen finden sie nervig, einige Kommentare merkwürdig oder schlichtweg überflüssig, aber meistens sind sie weit davon entfernt, das persönlich zu nehmen. „Also, was ich am blödesten fand, war die Frage: ‚Und wie bist du denn dann entstanden?'", erzählt Karen und verzieht das Gesicht. „Die können sich das dann nicht vorstellen, dass sie mal verheiratet war, Kinder bekommen hat und jetzt eben 'ne Freundin hat." Als ob keine Veränderungen im Leben erlaubt wären. Und Lars ergänzt: „Die blödesten Fragen kommen eben auch von denen, die nicht gerade die Intelligentesten sind. Und pubertäre Späßchen, mein Gott, die gibt es halt."

„Auf jeden Fall", fasst Karen zusammen, „hab ich immer und überall erzählt darüber. Ich wüsste nicht, warum ich das nicht tun sollte. Und es ist auch nie ein Problem gewesen, also dass dann so was gekommen wäre wie: ‚Igitt, deine Mutter ist lesbisch?!', das habe ich noch nie erlebt." Vielleicht würde auch niemand wagen, so etwas zu einer energischen jungen Frau wie Karen zu sagen.

Und die Zukunft? So gern Karen und Lars hier oben an der Ostsee leben, beide möchten unbedingt weg – vielleicht nicht allzu weit und auf jeden Fall an einen katastrophensicheren Ort. Also nicht zu weit in den Süden, in Gegenden, die in den letzten Jahren immer wieder durch schwere Stürme verwüstet wurden, oder auch nicht gerade an die Oder. Präsent genug sind ihnen die Flutbilder vergangener Jahre. Karen möchte am liebsten in eine große Stadt ziehen, Berlin oder Hamburg stehen auf ihrer Favoritenliste. Lars könnte sich auch vorstellen, auf dem Land zu leben. Aber auf jeden Fall wollen sie weg. „Schon alleine deswegen, weil man ja dauernd seine Geschwister in der Stadt trifft", lacht Karen. Lars ergänzt: „Rostock ist eben ein Dorf, da kommt man dann in einen Club, wie neulich, dort war ich mit Freunden verabredet. Ich komme rein und sehe, dass meine Schwester mit ihren Freundinnen in einer Ecke sitzen. Prompt werde ich von der Freundin meines Kumpels auf die Tanzfläche gezerrt und denke nur: ‚Oweh, das gibt Gerüchte.' Und kaum saß ich wieder auf meinem Stuhl schaut mein Schwesterlein vorbei und fragt ganz scheinheilig: ‚Na, das war aber nicht deine Freundin, oder?'" Karen lächelt kokett. „Na ja, man macht sich eben so seine Gedanken um den Bruder." „Ganz genau deswegen will ich wohin, wo mich niemand kennt!", grinst Lars. Sich ungestört auszuprobieren ohne Kontrolle und Kommentare der Geschwister, das wünschen sich beide.

Lars lässt es auf sich zukommen, was die Zukunft bringt oder auch die Liebe. Zurzeit ist er mit einer Freundin liiert, aber wer kann schon wissen, ob das etwas für länger sein wird? „Also, ich bin durchaus offen, ich würde nicht sagen, ich bin mir sicher, dass ich mein ganzes Leben lang hetero sein werde." „Oh, da würde sich Mutti aber freuen", triumphiert Karen. Zumindest glaubt sie das, auch wenn die Mutter das so nie geäußert hat. Karen selbst ist sich vollkommen sicher, dass sie ausschließlich auf Männer steht. Mit einer Frau eine Liebesbeziehung einzugehen, käme ihr nicht in den Sinn. „Das kann ich mir für mich überhaupt nicht vorstellen. Ich verstehe schon nicht, dass mich irgendwelche von meinen Freundinnen immer küssen wollen. Die wollen nämlich unbedingt mal testen, wie sich mein Zungenpiercing beim Küssen anfühlt. Und da ich die einzige bin, die das hat …" Aber da sagt Karen kategorisch nein. Aber wenn Freundinnen gestehen: „Also, wenn ich lesbisch wäre, dann würde ich mir dich aussuchen", dann gibt es schon einen Teil in ihr, der sich geschmeichelt fühlt. Der andere jedoch verzieht den Mund zu einem schmalen Strich und sagt: „Das könnt ihr euch definitiv aus dem Kopf schlagen."

[„Einmal New York sehen – mein Traum!"]

Ahmed (16)

Da steht ein ziemlich großer Junge am Bahnsteig. Das muss er sein. Ich steige aus dem Zug, er nickt und wir lächeln uns zu. Ahmed begrüßt mich fröhlich. Auf dem Weg zu seinem derzeitigen Zuhause zeigt er mir die Grundschule, zwei Kirchen und das Gymnasium, das er besucht. Fast wirkt er wie ein freundlicher Fremdenführer, der mir stolz seine kleine Stadt zeigen will.

Ahmed heißt nicht wirklich Ahmed, so wie seine Mutter in Wirklichkeit nicht Fatima heißt, und auch Elif, die Lebenspartnerin der Mutter, trägt in der Realität einen anderen Namen.

Vor etwa dreieinhalb Jahren flohen Fatima, Elif und Ahmed nur mit dem Nötigsten in einer Nacht- und Nebelaktion aus der Hauptstadt eines muslimisch geprägten Landes, das einmal eine sowjetische Teilrepublik war. Die Situation für Frauen, vormals so schlecht nicht, verschärfte sich nach dem Zerfall der Sowjetunion unter dem Einfluss der

Ahmed (16)

Islamisten zusehends. Fatima, die in Moskau zur Schule gegangen war und dort immer in Hosen herumlief, wurde mit fünfzehn von ihrer Familie zurückgeholt und erlitt sogleich einen Kulturschock. Ihr relativ freies Leben war plötzlich vorbei. Sie erlernte noch einen der wenigen Berufe, die Frauen zustanden, und wurde Hebamme. Kurz darauf heiratete sie, beziehungsweise wurde verheiratet. Fatima sah keinerlei Möglichkeit, sich dieser Heirat mit einem, wie sich bald herausstellte, gewalttätigen Mann zu widersetzen.

Nach einiger Zeit bekam Fatima einen Sohn. Für ihren Mann war damit klar, dass sie für die Erziehung des Sohnes da zu sein hatte, und so zwang er sie dazu, ihre Arbeit aufzugeben. Erst als ihr Mann in finanzielle Schwierigkeiten geriet, erlaubte er ihr, stundenweise wieder zu arbeiten. Fatima fand eine Stelle in einem Frisörsalon. Dort lernte sie Elif kennen. Die beiden Frauen verliebten sich ineinander – für Fatima eine völlig neue Erfahrung. Das ist jetzt fünf Jahre her.

Elif war sich schon immer darüber im Klaren, lesbisch zu sein, und hatte sich damit abgefunden, in diesem Land ein verstecktes Leben führen zu müssen. Die beiden Frauen begannen, sich heimlich zu treffen. Es wurde zwar an der gemeinsamen Arbeitsstelle getuschelt, doch eine Zeitlang konnten Fatima und Elif so etwas wie eine Beziehung leben. Bis eines Tages ein anonymer Anrufer Fatimas Mann informierte. Dann begann die Hölle. Fatima wurde Nacht für Nacht von ihrem Mann geschlagen und schwer misshandelt. Gleichzeitig versuchte er, den gemeinsamen Sohn Ahmed dazu zu bringen, seine Mutter von nun an zu verachten, eine Lesbe sei ja schließlich schlimmer als eine Mörderin. Aber Ahmed hielt zu seiner Mutter.

In der Zwischenzeit versuchte Elif verzweifelt, Visa für die USA zu bekommen – ohne Erfolg. Einige Zeit später besorgte ihnen jemand Papiere für ein deutschsprachiges Land. Drei Tage später flogen Fatima, Elif und Ahmed ohne Zwischenstopp in ein Land, von dem sie kaum etwas wussten.

Nachdem ihnen ein Anwalt erklärte, dass sie jetzt nicht einfach „eine Arbeit und eine Wohnung suchen könnten", beantragten sie politisches Asyl. Und zwar als lesbisches Paar. Nach kurzem Zögern, ob sie sich nicht doch als Schwestern ausgeben sollten, entschieden sich Fatima und Elif für die Wahrheit.

Die folgenden Monate verbrachte die Familie auf engstem Raum in einem Übergangsheim. Inzwischen leben die drei in einer Wohnung und warten darauf, dass der quälende Zustand der Unsicherheit endlich ein Ende findet.

Ihr Asylantrag wurde vor kurzem mit der zynischen Begründung, es sei durchaus zumutbar, dass die beiden Frauen ihre Beziehung in der Heimat heimlich weiterlebten, erstinstanzlich abgelehnt.

Ihre Anwältin macht ihnen Mut, dass ihre Beschwerde eine Chance auf Erfolg haben könnte und sie hoffentlich bald von der nächsthöheren Instanz als Flüchtlinge anerkannt werden. Fatima, Elif und Ahmed können sich nicht vorstellen, jemals wieder in das Land zurückzugehen, aus dem sie geflohen sind.

Sicherheit und Freiheit – das wünscht sich auch Ahmed am allermeisten. „Es wäre furchtbar, wenn wir zurück müssten. Unsere Verwandten würden uns sehr schnell finden und uns sofort umbringen, um die Ehre der Familie zu retten", erzählt der 16-Jährige mit den braunen Locken. An die Gewaltausbrüche seines Vaters erinnert er sich nur zu gut. „Seit ich klein war, wurden ich und meine Mutter von meinem Vater geschlagen. Und niemand half uns, die Polizei war korrupt und schon ein wenig Bestechungsgeld von meinem Vater reichte aus, um unsere Aussagen einfach zu übersehen. Und mein Großvater fand, dass Frauen wie Sklaven ihren Männern untergeben sein sollten."

Ahmed wirkt ruhig, wenn er erzählt. Auf den ersten Blick führt er ein ganz normales Schülerleben, so wie andere Jungen seines Alters. Aber er fühlt sich eingeengt. „Ich würde so gerne reisen, nach New York, Japan und nach Paris", oder dorthin, wo es viele mittelalterliche Burgen gibt, denn Burgen findet er toll. Aber die Familie darf die Grenzen des Landes nicht verlassen. Und durch die mangelnde Arbeitsmöglichkeit für AsylbewerberInnen haben Fatima, Elif und Ahmed keinen finanziellen Spielraum für Ausflüge oder andere Unternehmungen.

Wäre Ahmed ein Tier, dann käme für ihn nur der Drache in Frage. Denn ein Drache ist ein intelligentes Fabelwesen und kann Gedanken von Menschen lesen. Und außerdem sind Drachen edle Tiere, die gar nicht so bösartig sind, wie ihnen immer nachgesagt wird. Für Fantasy- und Abenteuergeschichten hat Ahmed ein Faible – Dinge, die ein wenig „nicht von dieser Welt" sind. Dennoch ist er ein sehr realistischer Mensch. Eine weitere Leidenschaft gilt den Naturwissenschaften. „Biologie und Chemie kann ich gut, aber Physik und Mathematik reizt mich auch – fürs Studium muss ich mich dann wohl entscheiden."

Ahmed ist ein guter Schüler. Er spricht verschiedene Fremdsprachen, unter anderem auch Türkisch, wobei er gleich einschränkt: „Na,

Ahmed (16)

ja, verstehen tu ich alles, aber beim Sprechen fehlt mir ein bisschen die Übung." Ahmed ist bescheiden und stellt sein Licht eher unter den Scheffel.

In Windeseile hat Ahmed damals Deutsch gelernt und so konnte er nach einigen Widrigkeiten auf das Gymnasium gehen – keineswegs selbstverständlich für einen Jungen, der vor dreieinhalb Jahren noch kein einziges Wort Deutsch sprach.

Wenn alles gut geht, wird Ahmed in zweieinhalb Jahren sein Abitur in der Tasche haben. Und dann kann er hoffentlich an einem Ort studieren, den er sich selbst ausgesucht hat. „Vielleicht wohne ich allein oder in einer WG. Etwas Wissenschaftliches entdecken wäre auch nicht schlecht. Ja, und ich kann überall hinreisen, das wäre toll!" Die unsichere Situation – sie ist das beherrschende Thema für Ahmed. Es ist belastend, keine Zukunftspläne machen zu können und selbst keinerlei Einfluss zu haben. „Es hängt ja nicht von uns ab, sondern irgendwann wird eben etwas entschieden."

Ahmed freut sich darauf, irgendwann einmal wieder in einer Großstadt zu leben. „Wir kommen ja aus einer großen Stadt und ich erinnere mich an so einen Platz, wo es verschiedene Geschäfte gab, und da konnte man ziemlich gut spazieren gehen oder abhängen. Es gibt ja Menschen, die Angst haben, wenn viele Leute in einem Raum sind. Bei mir ist es wohl eher umgekehrt. Ich mag nicht, wenn wenige Leute neben mir sind. In der Familie ist es in Ordnung, aber sonst mag ich viele Menschen um mich herum haben."

Der kleine Ort, in dem die Familie derzeit lebt, bietet nur wenig Abwechslung. Immerhin werden regelmäßig Karatekurse angeboten, die Ahmed gerne belegt.

Als Fatima und Elif ein Paar wurden, war Ahmed elf Jahre alt. Aber dass sie ein Paar sind, das hat er erst im Exil begriffen. „Eigentlich haben sie es erst hier erzählt, als einfach alles lockerer wurde."

Obwohl die Behörden um die Familiensituation wissen, ist die Familie sehr vorsichtig mit allen Informationen, die nach außen dringen. Deshalb sind während des Gesprächs im Wohnzimmer auch Fatima und Elif dabei. Vielleicht fällt Ahmed deshalb manche Antwort ein wenig schwer. An Verschwiegenheit ist er jedenfalls gewöhnt.

Für Fragen nach seiner Familie hat er sich schon früh eine Standardantwort zurechtgelegt: „Ich sage immer, dass Elif meine Tante ist, ganz automatisch. Es sagt eigentlich nie jemand etwas darauf, obwohl sie ganz anders aussieht als meine Mutter." Tatsächlich ist Elif für Ahmed mal Mutter, mal gute Freundin. Ahmed lächelt: „Ja, wir verstehen uns gut. Überhaupt haben wir drei ein lockeres Verhältnis und können über alles reden. Die guten Sachen werden selbstverständlich, so dass sie einem gar nicht mehr auffallen. Es ist alles prima, bis auf unsere Situation."

Und dann betont Ahmed noch, dass die unsichere Situation eine ungleich größere Belastung darstellt als die Tatsache, dass seine Eltern homosexuell sind. „Hier kann ich einfach mit meiner Familie leben. Wenn wir zurück müssten, könnte ich die Schule nicht abschließen und würde dort am Ende überfahren oder erstochen werden. Ich wünsche mir, in einem Land zu leben, wo sich kein Mitglied unserer Familie Sorgen um sein Leben machen muss."

Seinen Vater vermisst Ahmed nicht. „Nein, nie hatte ich so ein Gefühl. Ich habe auch kein Heimweh. Es ist komisch, auch wenn ich Menschen gut kenne, kann ich an ihnen nicht hängen. Keine Ahnung, wieso." Er ist jedenfalls sehr froh, dass es keinen Streit und keine Gewalt mehr in der Familie gibt.

Manchmal wünscht sich Ahmed einen älteren Bruder. Denn dann wäre ihm nie langweilig und er könnte nach Lust und Laune mit ihm raufen. Und er ergänzt, wie froh er darüber ist, keine jüngere Schwester oder einen kleinen Bruder zu haben. „Dann müsste ich ja womöglich darauf aufpassen."

Ich frage Ahmed nach seinen Eindrücken bei der Ankunft in der Fremde. Er erinnert sich noch an das Interview, das die Behörden mit ihm führten. „Ich saß in der Mitte des Raumes, die Frau, die das Interview geführt hat, saß vor mir. Links stand der PC und hinten war der Anwalt und die Dolmetscherin. Ich fand es beängstigend, dass jedes Wort, das ich gesagt habe, aufgeschrieben wurde." Als Elif interviewt wurde, war Ahmed auf eigenen Wunsch mit dabei. Um sich von seiner Angst abzulenken und die lange Wartezeit zu nutzen, lernte er Deutsch. „Wir hatten ein Deutsch-Wörterbuch dabei. Ich habe einfach das Wörterbuch aufgeschlagen und jedes Wort, das ich nicht kannte, aufgeschrieben und auswendig gelernt."

Manchmal machen Ahmeds MitschülerInnen Witze über Lesben und Schwule. Ahmed bleibt gelassen. „Ich lasse sie reden, also mich stört es eigentlich nicht. Wenn sie wüssten, dass meine Eltern lesbisch sind, also meine Mutter lesbisch ist und mit einer Frau wohnt, dann würden sie vielleicht nichts sagen. Es ist ja auch nicht bösartig gemeint."

Ahmed (16)

Von der Gesellschaft wünscht sich Ahmed ein bisschen mehr Aufgeschlossenheit für alles Neue, sei es gesellschaftlich oder sozial. „Die Menschen hier sollten ein bisschen weniger Angst davor haben, mal etwas Neues auszuprobieren."

Wenn Ahmed seinen jetzigen Aufenthaltsort mit dem Land vergleicht, in dem er geboren wurde, dann sieht er viele Unterschiede, angefangen mit der größeren Offenheit und Freundlichkeit der Menschen. „Ich bin es eigentlich nicht gewohnt, dass man fast jeden auf der Straße grüßt, das ist mir manchmal fast zu viel. Die Lehrer sind hier in jedem Fall lockerer. Aber dafür muss man auch am Nachmittag in die Schule."

Ahmed denkt noch einmal ein wenig nach. „Und es ist viel, viel stiller hier."

Foto: privat, 2005

„Da war so viel Liebe um mich herum!"

Stephanie (19)

„Also, ich bin schon immer zwischen St. Gallen und Zürich gependelt und jetzt kommt Paris eben auch noch dazu." Die 19-jährige Stephanie hat vor vier Monaten ein Studium in Paris begonnen, Design und Management. Und weil ihre Mutter, bei der sie aufgewachsen ist, in St. Gallen lebt und ihr Vater in Zürich, ist sie das Hin- und Herfahren von klein auf gewohnt. Die sportliche Studentin mit den großen Augen ist für die Semesterferien nach Hause gekommen. Ihr Deutsch – mir zuliebe spricht sie hochdeutsch – ist ganz leicht eingefärbt, die Schweizer Herkunft und der Besuch eines internationalen Internats, in dem nur englisch und französisch gesprochen wurde, haben ihre sprachlichen Spuren hinterlassen. Als sie erzählt, dass sie Gedichte schreibt, erschließt sich mir ihre gewählte Art zu sprechen.

Stephanies Eltern haben nie zusammengelebt. Es gab auch keine Liebesbeziehung zwischen den beiden. Der Wunsch nach einem Kind brachte sie zusammen – Stephanies Mutter Heidi suchte einen schwulen Mann, der sich eine aktive Vaterrolle vorstellen konnte, aber genau wie sie kein gemeinsames Familienleben wollte. Vor zwanzig Jahren war dieses Familienmodell in der lesbischen Szene noch sehr ungewöhnlich, aber Heidi hat sich noch nie etwas aus Konventionen gemacht. Und so treffen Stephanies Eltern eine Übereinkunft: Stephanie lebt bei ihrer Mutter, ihr Vater bezahlt Alimente, kommt für Urlaube und Extras auf und holt Stephanie jedes zweite Wochenende zu sich nach Zürich bzw. zu seinen Eltern an den Bodensee. Die Großeltern wissen um das Arrangement und machen kein Aufhebens darum.

Stephanie lebt in zwei unterschiedlichen Welten. In den Ferien unternimmt sie mit ihrem Vater weite Reisen und führt ein luxuriöses Leben. „Mein Vater hat mit Werbung zu tun und gehört ein bisschen zur gehobenen Gesellschaft, und er wollte, dass ich gut erzogen bin und mich nett kleide. Meine Mutter war da viel freier, und da gab es manchmal Konflikte. Aber ich habe dadurch gelernt, mich anzupassen. Manchmal habe ich nicht verstanden, warum dieselbe Sache hier gut ist und dort schlecht, z.B. als ich mir zum ersten Mal die Haare gefärbt habe und meine Mutter begeistert war und mein Vater entsetzt."

Von Anfang an haben Stephanie und ihre Mutter eine sehr innige Bindung. Für andere Menschen ist es nicht ganz einfach, bei einer von beiden „einen Fuß in die Tür zu bekommen". Auch Stephanies Vater hat schon früh mit Eifersucht zu kämpfen, denn er sieht seine Tochter zwar regelmäßig, aber sein Platz ist immer in der zweiten Reihe. Vielleicht lässt er aus diesem Grund ab und zu spitze Bemerkungen fallen, was Stephanie in schwere Loyalitätskonflikte bringt. „Ich wusste damals überhaupt nicht, was ich sagen soll. Er hat nicht über meine Mutter geschimpft, das würde er nie tun, aber er hat St. Gallen als hinterwäldlerisch kritisiert oder manche Entscheidungen meiner Mutter kritisch kommentiert. Nun habe ich ja immer alles meiner Mutter erzählt, und sie meinte dann, ich solle ihm sagen, er solle sich in Zukunft doch direkt an sie wenden. Und dann wurde das besser."

Das unterschiedliche Setting in Stephanies beiden Welten hat ein einziges Mal zu einem richtigen Zerwürfnis zwischen den Eltern geführt. „Mein Vater hat ein Haus für uns gekauft, da war ich ungefähr sechs Jahre alt. Meine Mutter fühlte sich davon total überrumpelt. Sie wollte immer selbst Entscheidungen treffen, auch wenn sie wenig Geld hatte. Meine Mutter hat meinen Vater angeschrien, aber er kann nicht schreien, dazu ist er zu verklemmt. Ich bin dann auf den Tisch gestiegen und habe ihn in den Arm genommen. Er konnte nicht so zärtlich sein, aber das war mir egal. Danach gab es keinen Streit mehr zwischen meinen Eltern."

Stephanies Mutter ist seit langem mit Carola zusammen. Das Arrangement zwischen Heidi und Stephanies Vater schafft den beiden Frauen – besonders in der ersten Zeit des Kennenlernens – Freiräume ohne Kind und macht so die Beziehung erst möglich. Gut zehn Jahre leben Heidi, Carola und Stephanie in einem Haus, aber in zwei Wohnungen. Heidi ist auf ihre Unabhängigkeit bedacht und auch Carola hat besonders in den ersten Jahren damit zu kämpfen, dass Mutter und Tochter eine sehr enge Beziehung zueinander haben. So sieht Stephanie Carola als eine wichtige Freundin, aber nicht als eine zweite Mutter. „Ich liebe sie sehr, aber ich bin einfach bei meiner Mutter immer an erster Stelle, da kann Carola nun mal nicht an erster Stelle stehen. Aber wenn ich allein mit ihr war, war es immer sehr harmonisch zwischen uns."

In Stephanies Leben gibt es noch eine wichtige Frau, und das ist Bea. „Ich nenne sie meine ‚Gotte', das sagt man in der Schweiz für Patin. Meine Mutter und Bea waren damals zusammen, als ich geboren wurde. Sie haben gemeinsam entschieden, dieses Kind, also mich, zu haben. Und sie steht mir heute noch sehr nahe, auch wenn meine Mutter und sie keinen Kontakt mehr zueinander haben. Ich würde sagen, dass ich drei Eltern habe, meine Mutter, meinen Vater und Bea."

Von klein auf ist Stephanie damit aufgewachsen, dass Lesbisch- und Schwulsein etwas ganz Normales ist. Ihre Mutter hat ihr schon früh erklärt, dass Menschen ganz unterschiedlich leben und dass es viele Arten von Familien gibt. Stephanies Vater ist verschwiegener und erzählt seiner Tochter nichts über sein Schwulsein. „Er hat es lange geheimgehalten und hat während meiner Kindheit auch keinen Partner gehabt. Aber ich wusste ja von meiner Mutter, dass er schwul ist."

Irgendwann fängt Stephanie an, sich dennoch ein paar Fragen zu stellen. „Ich konnte es mir einfach nicht vorstellen, dass mein Vater und meine Mutter miteinander geschlafen haben, um mich zu zeugen. Je mehr ich die beiden kannte, desto weniger ging das." Sie lacht und wird ein wenig verlegen. „Und dann habe ich einfach gefragt: ‚Ja, bin ich denn im Reagenzglas gezeugt worden?' Und dann ging es mir wie ein Licht auf, dann war es mir klar."

Stephanies Eltern haben Mühe, mit ihr über ihre Zeugung zu reden. „Ich hatte damit nie ein Problem, weil ich finde es wunderschön, wie es passiert ist. Es ist selten, dass zwei Menschen, eigentlich ja drei Menschen, so bewusst gemeinsam entscheiden, ein Kind zu haben. Dieses Kind, also ich, wurde wirklich herbeigesehnt, und das habe ich ganz fest gespürt in meiner Kindheit und auch heute noch."

Mit 16 Jahren geht Stephanie auf ein internationales Internat in die Westschweiz. Sie möchte ihre Fremdsprachenkenntnisse optimieren und an der Schule wird ausschließlich englisch und französisch gesprochen. Ab jetzt sieht sie ihren Vater und ihre Mutter etwa gleich häufig, nämlich abwechselnd jedes Wochenende – eine große Veränderung in Stephanies Leben. „Das war sehr schön für mich, weil mein Vater und ich uns viel näher kamen und Sachen aus der Vergangenheit aufarbeiten konnten. Ich habe gemerkt, wie er auch darunter gelitten hat, dass er eben nicht an erster Stelle für mich steht, und es war wichtig, über all das mal zu reden. Heute tut es ihm Leid, dass er mich mit seinem Verhalten in Loyalitätskonflikte gebracht hat, aber damals war ihm das nicht bewusst."

Nach einem Jahr möchte Stephanie wieder zurück in die Ostschweiz. Ihr Vater überzeugt sie jedoch davon, noch zwei Jahre im Internat zu bleiben. Sie fügt sich und schließt die Schule mit der französischen Matura ab. Das Studium in Paris ist dann nur logische Konsequenz.

Ob ihre Eltern ein Vorbild für sie sind? „In vieler Hinsicht sicher. Beide sind unglaubliche Menschen, und ich versuche, die guten Seiten sozusagen nachzuahmen. Ich ertappe mich zum Beispiel immer mal wieder dabei, wie ich Sachen sage, die mein Vater gesagt hat."

Aber natürlich gibt es auch Dinge, die Stephanie an ihren Eltern stört. Da ist diese sehr intensive Bindung an die Mutter und der starke Kinderwunsch, den ihre Eltern teilen. „Meine Mutter macht es mir so schwer, mich von ihr zu lösen. Sie hätte mir wohl nicht sagen sollen, dass ich eigentlich der Sinn ihres Lebens bin. Und für meinen Vater ist es ähnlich. Da ist jetzt für mich so viel Verantwortung dabei. Ich möchte ja für beide da sein, aber langsam muss ich auch mein eigenes Leben anfangen."

Ob wohl Geschwister die Lösung für dieses Problem gewesen wären? Stephanie nickt und stellt aber gleich eines klar: „Aber nur deswegen, dass sich das dann verteilen könnte. Ansonsten hätte ich keine Lust, meine Mutter zu teilen."

Mit einem Aspekt des Schwulseins des Vaters hat Stephanie Mühe. Ihr Vater hat in der Regel keine festen Beziehungen, sondern wechselnde Partner. Er liebt seine Unabhängigkeit. „Ich finde, ein Mann mit seiner Intelligenz und seinem Herzen sollte sich nicht mit viel jüngeren Partnern begnügen, die einen IQ von nichts haben. Und ich weiß einfach, dass sich mein Vater oft einsam fühlt. Wenn er einen guten Partner hätte, wäre ich freier und beruhigter."

In der Schule gab es nie ein Problem wegen Stephanies Familiensituation. Stephanie sagte einfach immer, dass ihre Eltern getrennt leben, was ja stimmt, auch wenn es nur die halbe Wahrheit ist. Erst mit 16 Jahren fängt sie langsam an, anderen von der Lebensweise ihrer Eltern zu erzählen. Dass sie so lange gewartet hat, hängt sicher damit zusammen, dass ihre Mutter auch lange nicht wirklich „out" war. „Als ich dann angefangen habe, darüber zu reden, gab es immer positive Reaktionen, und deshalb habe ich weitergemacht, wenn es wichtig für die Beziehung mit dieser Person war. Ich möchte ja als Ganze gesehen werden. Man sieht nur die Hälfte, wenn man das von mir nicht weiß."

Als Fürsprecherin für die Rechte von Homosexuellen sieht sich Stephanie hingegen nicht. „Früher hatte ich noch mehr das Gefühl, dass ich den Leuten erklären muss, worum es hier geht. Aber wenn ich das über meine Eltern angesprochen habe, wurde ich noch nie angegriffen. Ich halte keine großen Reden, aber wenn es die Leute genauer wissen wollen, habe ich natürlich schon ein paar Argumente parat."

Eine Zeitlang hat Stephanie das Gefühl, auch lesbisch zu sein. „Ich habe mir gesagt, es kann gar nicht sein, dass ich heterosexuell bin. Dann hatte ich auch ein, zwei Techtelmechtel mit Mädchen. Aber zumindest jetzt im Moment bin ich überhaupt nicht lesbisch. Offen bin ich in dieser Hinsicht schon."

Sicher ist jedoch, dass Stephanie viele Dinge aus einem anderen Blickwinkel als andere junge Erwachsene betrachtet. Sie ist in Genderfragen sensibilisiert („ich war eben meistens von Frauen umgeben") und ärgert sich über den ganz alltäglichen Sexismus. „Ausrasten tu ich eigentlich nie. Ich bin mehr so der gelassene Typ, aber Sexismus und Dummheit regen mich schon auf."

Gut findet Stephanie an ihrer Familie, dass sie wirklich über alles reden kann und dass „die Familienplanung so überlegt passiert ist. Nie haben sie mir irgendwelche Steine in den Weg gelegt. Und eine militante Super-Amazone hat meine Mutter auch nicht aus mir gemacht."

Vielleicht ist Stephanies Geschichte auch besonders von Harmonie geprägt. Die wenigen Konflikte, die es in ihrer Kindheit und Jugend gegeben hat, finden sicher so in jeder Familie statt, glaubt sie. Ihre Botschaft: „Es ist ganz einfach: Solange das Kind in Liebe aufwächst, dann ist es egal, wie die Familie zusammengesetzt ist. Ich hatte es gut. Da war einfach so viel Liebe um mich herum."

„Natürlich sind das meine Geschwister, was denn sonst?"

Lena (9)

Lena sitzt in einem breiten Sessel und grinst. „In drei Tagen werde ich neun", erzählt sie mir stolz. Wir haben uns auf einem Regenbogenfamilienseminar getroffen. Lauter lesbische Mütter, vereinzelt schwule Väter und 40 Kinder – und Lena mittendrin. „Ich finde das toll, dass hier so viele andere Kinder sind, die so leben wie ich."

Die Neunjährige lebt mit ihren beiden Müttern in Konstanz. Und sie hat noch zwei jüngere Geschwister: Bruder Dylan ist fünf und Schwesterchen Mia ist zwei. In Kürze zieht die Familie aus ihrer Wohnung in ein Haus, denn langsam wird es eng mit drei Kindern.

Lenas Mütter Lisa und Moni leben schon seit mehr als 13 Jahren zusammen. Lisa ist US-Amerikanerin. Vor 15 Jahren kommt sie als Studentin für ein Austauschjahr nach Konstanz. Kurz vor ihrer Rückkehr verliebt sie sich in Moni und nach einem leidvollen Fernbeziehungsjahr kommt Lisa zurück nach Deutschland. Nun kann das gemeinsame Leben endlich beginnen.

Lisa und Moni finden den Gedanken, ein Kind zu haben, sehr schön. Oder noch besser, mehrere Kinder. Aber welche der beiden soll das Kind austragen und wie soll das Ganze überhaupt in die Tat umgesetzt werden? Ein langwieriger Prozess beginnt. Schließlich entscheiden sich Lisa und Moni für eine Insemination mit Samen eines anonymen Spenders. Gleich beim ersten Mal klappt es und neun Monate später wird Lena geboren – von Moni.

Lena kennt ihre Entstehungsgeschichte schon lange. Dass sie ihren Vater nie kennen lernen wird, ist für sie kein großes Thema. Einen Vater wünscht sie sich nur ganz selten und dann für was ganz Bestimmtes: „Ich hätte gerne einen Vater zum Kämpfen, so Freundschaftskämpfen. Darauf haben meine Eltern keinen Bock."

Sie findet ihr Leben ganz normal. „Ich habe einfach eine Mama und eine Mami." Zu Hause wird Englisch gesprochen, auch das ist eine Tatsache, über die Lena kaum ein Wort verliert – alles selbstverständlich.

Und wie ist es in der Schule? „Na ja, da kommt schon immer mal wieder was Blödes. Ich habe ja noch zwei Geschwister, und eine Weile war es dann so, dass die anderen in der Schule behauptet haben, das wären nicht meine richtigen Geschwister, weil meine eine Mutter zwei Kinder geboren hat und die andere eins. Und wenn die das sagen, das tut ziemlich weh, weil das natürlich meine Geschwister sind. Was denn sonst?" Lena streicht sich energisch eine lange blonde Haarsträhne aus dem Gesicht. Es sieht so aus, als würde sie gleich mit der Faust auf den Tisch schlagen, so sehr regt sie das Thema immer wieder auf. „Die wissen gar nicht, wie schlimm das für mich ist." Hat Lena auch Unterstützung in der Schule? „Ja, ich habe schon Freundinnen, die mir dann helfen oder mich trösten."

Lenas Schulfreundinnen kommen oft zu Besuch. Und Lenas Mütter Lisa und Moni sind an der Schule ziemlich bekannt. Schließlich haben sie vor einiger Zeit an Lenas Schule eine Unterrichtseinheit zum Thema Regenbogenfamilien gestaltet. Da war Lena mächtig stolz auf ihre Mamas. „Ja, das war toll. Ich finde es überhaupt gut so, wie es ist und wie die beiden sind."

Lena freut sich auf das neue Haus und ihr eigenes Zimmer. „Das ist ganz anders als in einer Wohnung – da habe ich ein Hochbett und sogar eine eigene Dachterrasse!" Sie schwärmt weiter: „Und außerdem ist da immer jemand, mit dem ich rausgehen kann, denn wenn schönes Wetter ist, gehe ich immer gern nach draußen."

Mit ihren Geschwistern versteht sie sich gut. Na ja, meistens jedenfalls. „Wenn wir alle zusammen was machen, dann wollen die Kleinen meistens was anderes als ich. Und dann jammern sie natürlich öfter, und ich muss nach ihnen schauen oder sie anziehen. Aber manchmal sind sie richtig niedlich, machen Witze und wir spielen ganz schön zusammen." Überhaupt mag Lena kleine Kinder sehr gern. So ist klar, welchen Beruf sie später einmal ergreifen möchte: „Also, ich würde gerne im Kindergarten arbeiten. Lehrerin wäre auch nicht schlecht. Mal sehen."

Soll sich was ändern in ihrem Leben? Lena überlegt lange. „Die neugierigen Fragen nach meiner Familie nerven total." Ich hake noch einmal nach. „Ja, wenn sie sich einfach nur interessieren, dann ist es okay." Aber wenn jemand ihre Familie in Frage stellt, dann sieht Lena rot. Lenas Lieblingsfarbe ist übrigens blau, wenn es um Kleidung geht. Sonst mag sie alle Farben gern.

Wenn sie sich was wünschen könnte, was wäre das? „Es wäre schön, wenn meine Eltern mal was mit mir ganz alleine unternehmen würden, nicht immer alle zusammen. Dann würden wir vielleicht in den Wild- und Freizeitpark fahren oder irgendwas anderes in der Natur machen."

Gibt es ein Tier, das sie gern wäre? „Ich glaube, ich wäre am liebsten ein Hase. Der kann so schön schnell laufen. Und außerdem hören Hasen supergut – die merken zum Beispiel, wenn ein Fuchs kommt, und dann sind sie auch schon weggesaust."

Lena schaut auf die Uhr. Da geht die Tür auf, und ein Mädchen aus der Regenbogen-Jugendwerkstatt kommt atemlos auf Lena zu. „Hier bist du, ich hab dich überall gesucht. Wir müssen doch für morgen früh noch proben. Bist du fertig?" Lena steht auf und lächelt entschuldigend: „Ich muss meinen Text noch lernen. Tschüss." Und die beiden Mädchen rennen kichernd raus.

Foto: Cathlen Wegmann, 2004

„ICH BIN DAS BESTE, WAS MEINEN ELTERN
PASSIEREN KONNTE."

Jannis (12)

Süderstapel ist ein Dorf ganz im Norden Schleswig-Holsteins, nahe der dänischen Grenze. Dort, in einem der Reet gedeckten Friesenhäuser, mit einem Briefkasten neben der Eingangstür, auf dem eine bunte Regenbogenflagge klebt, wohnt Jannis mit seinen Müttern Ellen und Cathlen und seinem Bruder Robby.

Jannis ist gerade zwölf geworden. „Warum ich das Interview mache?" Jannis lächelt charmant, überlegt kurz und sagt dann ganz offen: „Weil ich selbstverliebt bin und weil ich ein Star werden will. Da will ich mich schon mal daran gewöhnen, wie es ist, Interviews zu geben." Im Theaterstück *Der goldene Brunnen* in der Schule spielt er bereits die Hauptrolle, den Soldaten nämlich. Der muss einen doppelköpfigen Drachen überwältigen, um den Brunnen von seinem bösen Zauber zu befreien. Dessen einstmals heilendes Wasser hat sich nämlich in Blut verwandelt. Tatsächlich schafft es der Soldat, das Ungeheuer zu besiegen, „und am Ende sprudelt der Brunnen wieder sein köstliches Lebenselexier, der Soldat bleibt dort in dem Dorf und alle verehren ihn", fasst Jannis die Geschichte zusammen und lehnt sich zurück. „Der Soldat redet übrigens die ganze Zeit, von daher passt die Rolle ziemlich gut zu mir." Jannis lacht wieder. „Aber im Ernst", ergänzt er dann, „das Interview mach ich, weil ich denke, dass ich zu dem Thema 'ne Menge sagen kann."

„Als ich geboren wurde, wollten Cathlen und mein Vater zusammenziehen, in ein Haus hier in Süderstapel. Aber dann haben sich meine Eltern getrennt und mein Vater ist in Hamburg geblieben." Kontakt zu seinem Vater gibt es seitdem fast gar nicht mehr. „Sieben Jahre hat er sich gar nicht mehr bei mir gemeldet, dann habe ich ihm einen Brief geschrieben und danach haben wir uns ein paar Mal gesehen. Aber jetzt ist es schon wieder ewig her, dass ich etwas von ihm gehört habe", erzählt Jannis. Er vermisst es sehr, dass sie sich nicht regelmäßig sehen, telefonieren oder schreiben. Wobei er auch eine Erklärung dafür hat, warum das so ist. „Mein Vater hat Probleme mit dem Alkohol oder jedenfalls hatte er welche und er kriegt sein eigenes Leben nicht auf die Reihe. Deshalb vergisst er auch, sich bei mir zu melden." Seine Stimme klingt etwas zögerlich, fragend. Als wollte er am liebsten noch mal von ihm wissen, wie das eigentlich sein kann. „Denn", so sagt Jannis, „ich weiß genau, dass ich das Beste bin, was meinen Eltern passieren konnte. Auch meinem Vater. Denn das sagt er mir immer." Hier bleibt eine Leerstelle, ein Schmerz und die Sehnsucht, dass sich daran vielleicht irgendwas doch noch einmal ändern wird.

Ellen als zweite Mutter zu haben, findet Jannis mittlerweile toll. Ellen, die er am Anfang verwünschte, als sie vor fünf Jahren neu zu ihnen gezogen war. „Als Ellen aufgetaucht ist, da wollte ich unbedingt, dass sie wieder verschwinden soll. Ich war, glaube ich, total eifersüchtig und hatte auch Angst, Cathlen hätte mich jetzt nicht mehr lieb oder irgendwie weniger."

Heute findet er, dass Ellen „richtig Pep ins Haus" gebracht hat. Sie hat einen Sinn für's Detail und hat manches in den Räumen umgestaltet. Jannis bemerkt das. Und es gefällt ihm. Außerdem war es früher, in den Jahren, als er mit Cathlen alleine gewohnt hatte, „viel, viel stiller, jetzt ist immer was los."

Was bestimmt auch daran liegt, dass Jannis vor zweieinhalb Jahren einen Bruder bekommen hat, den siebenjährigen Robby.

„Catheen und Ellen wollten unbedingt noch ein Kind haben und erst hat Ellen versucht, schwanger zu werden, aber dann war mit einem Baby nichts und stattdessen haben wir Robby gefunden." Robby hatte bereits in mehreren Pflegefamilien gelebt und gilt als äußerst schwieriges Kind. Er hat eine geistige Behinderung und zeigt starke Verhaltensauffälligkeiten. Aber er hat auch ein bezauberndes Lächeln und eine sehr anhängliche, sanfte Seite. Cathlen, Ellen und Jannis entscheiden sich gemeinsam dafür, dass Robby zu ihnen ziehen soll. Jannis erinnert sich, wie schwer es in den ersten Monaten war, nachdem Robby neu in ihre Familie gekommen war.

„Robby hatte ganz oft furchtbare Alpträume und er hat gedacht, wir würden ihn auch wieder weggeben wie die drei Familien, bei denen er vorher war. Deshalb war er manchmal ganz gemein und schrecklich zu uns. Einmal, als wir bei Ellens Eltern waren, hat er gedacht, wir lassen ihn jetzt dort und deshalb hat er die ganze Zeit ganz doll geärgert." Jannis weiß, dass sein Bruder sehr viel Aufmerksamkeit fordert und besondere Unterstützung braucht, und so versucht er, sehr geduldig zu sein. Auch wenn es ihm zuweilen außerordentlich schwer fällt. Zum Glück haben sie alle drei Robby mittlerweile davon überzeugt, „dass er bei uns bleiben wird. Und weil er das weiß, dass er fest zu uns gehört und wir ihn nicht mehr weggeben werden, ist er auch nicht mehr so schwierig wie am Anfang." Jannis sieht auch, dass Robby ansonsten in seiner Entwicklung Fortschritte gemacht hat. „Er konnte ganz schlecht sprechen, als er zu uns kam, und jetzt haben wir ihn ganz gut rumgekriegt, denn jetzt kann er ohne Probleme das ‚s' und das ‚k' sagen."

Aber Jannis weiß zugleich, dass es ganz normal und völlig in Ordnung ist, wenn er seinen Bruder mal total nervig findet. Und dass es dann okay ist, sich in sein Zimmer zurückzuziehen und ein Computerspiel zu spielen. Wobei er da aufpassen muss, dass Ellen und Cathlen ihn nicht dabei erwischen, wenn er länger als vereinbart vor dem PC sitzt.

Aber was Jannis noch viel mehr als die „Ärgerphasen" von Robby nervt, sind die Kinder aus seiner Schule, die lauthals verkünden „Ej, ihr seid ja schwul, wie ekelhaft!" So etwas bringt Jannis zur Weißglut. „Das regt mich so auf, dass ich austicken könnte. Und ich schrei die dann auch an und sage: ‚Hör auf damit, das ist ja totaler Quatsch, was du da redest!'" Dabei ist es noch nicht mal so, dass sie das auf seine Mutter und Ellen beziehen würden oder auf Homosexualität an sich, sondern, so weiß Jannis, „die sagen das einfach nur so, weil ihnen nichts anderes einfällt. Zum Beispiel, wenn einer über einen ande-

Jannis (12)

ren Jungen stolpert, sagen sie: ‚Ej guck mal, die sind schwul.'" Jannis zieht eine Grimasse und schüttelt den Kopf. „Versteh ich echt nicht, so was!" Mit einem Jungen hat er sich auch so doll darüber gefetzt, dass Jannis tatsächlich ausgerastet ist. „Mit dem habe ich mich angeschrien, weil er so was von homophob ist, und dann hat er zu mir gesagt: ‚Schlag mich doch'. Na und dann habe ich zugeschlagen und er fängt an, loszuheulen wie ein Verrückter, und ist zu den Lehrern gewatschelt und ich hab dann Strafarbeiten gekriegt, musste drei Mal die Schulordnung abschreiben, das war so ein kleiner Zettel. Aber der Junge, der hat danach eine bessere Meinung von mir gehabt, der hat jetzt Ehrfurcht." Sein Freund Michel kann es übrigens auch partout nicht abstellen, schwul als Schimpfwort zu benutzen, obwohl Jannis ihn immer wieder darauf hinweist. „Ich sag ihm das dauernd. Aber er meint, er kann es sich einfach nicht abgewöhnen. Aber ich glaube, er will mich damit auch einfach ärgern!"

Noch blöder sind Aktionen, wie die vor ein paar Monaten, als welche aus seiner Klasse, „die, die sich für die Coolsten halten", spätabends vor seinem Fenster stehen und grölen. Alles Mögliche grölen sie, unter anderem „Hier wohnen Lesben!" Da ist schon gut, dass er in Cathlen eine rigorose Mutter hat, die Unternehmungen solcher Art ganz schnell und mit großer Bestimmtheit ein Ende setzt.

Ellen hat vor, demnächst in Sexualkunde, wenn sie über Lebensformen sprechen, für eine Schulstunde in ihre Klasse zu kommen. Das findet Jannis super. Er hofft, dass damit endlich mal Wissensdefizite bei seinen Klassenkameraden ausgeglichen werden und die Jungs dann lockerer mit dem Thema umgehen können.

Wobei auch die Lehrer viel zu wenig wissen, wie Jannis festgestellt hat. „Zumindest sagen die nichts. Die sagen kein einziges Wort über Homosexualität. Und als ich erzählt habe, dass Ellen versucht, schwanger zu werden, und bisschen beschrieben habe, wie sie das macht, da hat mein Klassenlehrer gleich hier zu Hause angerufen, weil er das merkwürdig fand."

Manchmal findet es Jannis schade, dass er weder in Süderstapel noch in der näheren Umgebung Kinder kennt, die auch zwei Mütter oder zwei Väter haben. Mit denen stellt sich Jannis das Zusammensein nämlich ganz entspannt vor, weil man dann nicht dauernd was erklären müsste und dann mal so wie die anderen wäre. Obwohl – das will er dann doch nicht.

Was Jannis nämlich schrecklich langweilt, ist, wenn welche nicht eigenständig für sich selbst entscheiden, sondern sich an einem, der als Anführer gilt, orientieren. Er denkt da besonders an die Viererclique in seiner Klasse, die sich bei der Wahl Französisch oder Latein, immer nur als Gruppe entscheiden. „Das ist wie Polonaise", eifert sich Jannis, „die laufen alle hintereinander her, erst wollten sie alle Französisch nehmen, so wie ich, und jetzt nehmen sie Latein. Aber bei mir ist klar, dass ich bei Französisch bleibe!"

Standfestigkeit zeigen und sich als Persönlichkeit ausdrücken, das ist für Jannis wichtig. Sein Onkel Jojo ist da in vieler Hinsicht ein wichtiges Vorbild für ihn. Onkel Jojo ist Cathlens Halbbruder, er lebt in Frankfurt, arbeitet als Flugbegleiter bei Lufthansa „und war schon überall", begeistert sich Jannis, „in Japan, in Frankreich und er schwimmt total gut, er macht sogar bei den Gay Games mit."

Dass Onkel Jojo schwul ist, ist für Jannis nicht besonders erwähnenswert. Er bemerkt es eher beiläufig. Wichtig ist ihm vielmehr das, was sie zusammen unternehmen. Im letzten Sommer waren sie zum Beispiel im Garten von Jojos Mutter, sind auf die Apfelbäume geklettert und haben Äpfel gepflückt und anschließend das köstliche Apfelgelee probiert, das Jojos Mutter daraus zubereitet hat.

In Jannis' Zukunftsvision sieht er sich Maschinenbau studieren und anschließend eine Werkstatt eröffnen. Leben wird er an der belgisch-deutschen-französischen Grenze, dann kann er sein Französisch gut nutzen, denn Jannis hat gern mit anderen Sprachen zu tun. Und er möchte ein Auto konstruieren. Aber nicht irgendein normales Nullachtfünfzehn-Auto, sondern ein ganz besonderes Modell, eins, das unter Wasser fahren kann, so wie er es in James-Bond-Filmen gesehen hat. Er hat auch schon ziemlich genaue Vorstellungen, wie das Auto aussehen soll, nämlich ähnlich wie die alten VW-Käfer. Auch einen Namen hat er sich bereits ausgedacht. Nennen könnte er ihn vielleicht „Second New Beetle". Auch wenn Jannis weiß, dass er hart an der Realisierung seines Projekts arbeiten muss, glaubt er, dass er es schaffen könnte. „Das ist nämlich gar nicht mal so unlogisch, deshalb will ich es versuchen."

Schließlich hat er in Disneyland in Paris gesehen, wie viele verschiedene verrückte Gefährte es dort gibt. Das *Big Thunder Mountain* fand er am allerbesten, damit auf eine Bergspitze zu sausen und gleich darauf wieder zurück in den Tunnel eines unterirdischen Bergwerks. „Und das alles mit einer rasenden Geschwindigkeit – das war total cool."

Und die Welt würde er auch gern verändern. Zumindest das, was ihn am allermeisten stört, und das, was ihm Angst macht. „Wenn ich drei Wünsche frei hätte? Also erst mal würde ich mir den Kontakt zu meinem Vater wünschen. Zweitens, dass es keine Nazis und Rassisten mehr gibt oder falls doch, dass sie sich positiv gegenüber Schwarzen, Homosexuellen und Bisexuellen verhalten, und als drittes, dass es nicht mehr so viel Arbeitslosigkeit gibt."

Und wenn sich diese Wünsche blitzschnell erfüllen würden, wäre Jannis damit mehr als einverstanden.

Foto: Barbara Stenzel (Anna), 2005; privat (Matthias), 2004

„SIE HABEN ES UNS LANGE NICHT GESAGT, DASS SIE LESBISCH SIND, UND DAS WAR GUT."

Anna (18) und Matthias (21)

Anna setzt sich ans Klavier. Ihre Finger fliegen über die Tasten. Sie spielt „Deux Arabesques" von Claude Debussy. „Ach, da muss ich mal wieder mehr üben." Doch zuerst kommt ihr derzeitiges Lieblingslied von Norah Jones an die Reihe. „Come away with me", singt Anna mit ihrer vollen Stimme, während sie sich gekonnt selbst begleitet. „Meine Klavierlehrerin sagt, ich bin ein großes Talent, aber leider stinkfaul. Das stimmt." Die 18-Jährige besucht ein Musikgymnasium im österreichischen Graz, das sie im nächsten Jahr mit der Matura abschließen wird. Anna hat sich schon jetzt gegen eine Karriere als Berufsmusikerin entschieden; sie will nicht aufs Konservatorium. „Dazu bin ich dann doch nicht besessen genug. Die Konkurrenz ist in Österreich einfach so groß und zehn Stunden am Tag üben, das kann ich mir auch nicht vorstellen. Aber als Hobby möchte ich natürlich weiter Klavier spielen und singen", sagt Anna mit Nachdruck, als ob sie mich beruhigen wollte, dass ein großes Talent wie sie die Musik nicht komplett an den Nagel hängt.

Matthias sitzt entspannt auf Annas Sofa. Da klingelt sein Handy. „Ja, Papa, ich komme dann und das Schleifgerät bringst du mit, okay?"

Es war gar nicht einfach, einen Gesprächstermin mit Matthias zu vereinbaren, denn er ist gerade mittendrin, eine neue Wohnung zu beziehen. Seine Mutter hat bereits bei der Renovierung kräftig mitgeholfen, Wände zu streichen und Türen zu lackieren. Und sein Vater hilft ihm heute dabei, den Boden abzuschleifen.

Seit drei Jahren lebt Matthias in Graz. Seither wohnt er nicht mehr bei der Familie. Nun ist er auf der Suche nach seiner Berufung. Nach einem Jahr Studium an der Pädagogischen Akademie wechselte der 21-Jährige an die Universität und schrieb sich für Umwelt-System-Wissenschaft ein. Aber „das war einfach nicht meins." Matthias beschloss, ein Jahr als Hilfsarbeiter zu jobben in der Hoffnung, herauszufinden, was er denn letztlich studieren könnte. „Ich bin immer noch am Überlegen. Ein bisschen kommt gerade das handwerkliche Interesse. Eigentlich wollte ich etwas Geisteswissenschaftliches machen, aber jetzt komme ich gerade etwas weg davon. Mal sehen. Wahrscheinlich geh ich wieder studieren."

Anna lebt mit ihrer Mutter Gabi und deren Lebenspartnerin Ingrid seit zwei Jahren in Graz, der Hauptstadt der Steiermark/Österreich. Davor lebte die Familie in idyllischer Abgeschiedenheit in einem kleinen Häuschen auf einem Hügel in der Oststeiermark, dort, wo sich Fuchs und Hase gute Nacht sagen.

Hier sind Anna und Matthias aufgewachsen, ganz „normal" mit Mutter und Vater. Die einzigen direkten Nachbarn sind Gabis Eltern und Gabis Bruder mit seiner Familie. „Wir waren eine richtig traditionelle Familie, und meine Eltern waren in meinen Augen sehr ineinander verliebt", erzählt Anna. Doch plötzlich verliebt sich der Vater in eine andere Frau. Für Anna geschieht dies aus heiterem Himmel, der Schock ist groß. Sieben Jahre alt ist sie, und nach einem monatelangen, quälenden Hin und Her verlässt der Vater die Familie. „Das war sehr, sehr schlimm für mich. Ich war ein Papa-Kind und habe ihn sehr geliebt. Er hat mich verwöhnt, so als ‚sein Mädchen'. Und nach der Scheidung ging es mit unserer Beziehung echt bergab." Anna konnte mit der neuen Freundin des Vaters nichts anfangen, und dass diese aus ihrer Ehe zwei Kinder in die neue Verbindung mitbringt, ist für Anna „nur schrecklich". Die Wochenenden beim Vater empfindet sie als Kampf um Aufmerksamkeit und Zuwendung.

Matthias war zehn, als der Vater die Familie verlässt. An die Trennung erinnert er sich zwar, aber nicht daran, wie er das Auseinandergehen der Eltern empfunden hat. „Ich habe das Gefühl nicht so wirklich zugelassen und die ganze Geschichte eher nüchtern betrachtet. Aber es war sicher am Anfang nicht leicht für mich."

Einige Zeit später verliebt sich Annas und Matthias' Mutter Gabi in Ingrid, eine Frau aus Wien. Gabi, die sich schon immer zu Frauen hingezogen gefühlt hat, für die aber ein offen lesbisches Leben im hintersten steirischen Winkel undenkbar war, trifft auf ihre große Liebe. Matthias und seine Schwester wissen zunächst nicht, dass die beiden mehr als nur Freundinnen sind. Dennoch ist es klar, dass Ingrid eine sehr wichtige Person sein muss, denn Matthias weiß noch genau, wie nervös er war, als deren erster Besuch angekündigt wurde. „Es gab natürlich eine leichte Spannung in der Luft, alle waren aufgeregt, aber dann hat gleich alles gut funktioniert mit der Ingrid." Auch Anna erinnert sich noch gut daran, als Ingrid regelmäßig aus Wien zu Besuch kam. „Als kleines Mädchen bin ich von Anfang an total auf sie gestanden, sie war so herzlich und lieb." Fortan verbringt Ingrid fast jedes Wochenende mit Gabi und den Kindern. Ab und zu fährt die Familie nach Wien, um Ingrid zu besuchen, und Anna und Matthias genießen diese großstädtischen Unternehmungen sehr. Nach etwa einem Jahr verlässt Ingrid Wien und zieht zu Gabi aufs Land. Zuerst wollten beide Kinder nicht, dass die harmonische Dreierkonstellation mit ihrer Mutter durch Ingrid erweitert wird, aber dann ließen sie sich doch darauf ein. „Im Endeffekt hatte ich dann gar nichts dagegen. Ich habe mich mit ihr sofort total gut verstanden", erzählt Matthias.

Für Anna beginnt nun eine Zeit, die sie ihr „Doppelleben" nennt. Hier das schöne Leben zu Hause, mit ihrer Mutter und Ingrid, und dort die Wochenenden beim Vater, die sie „einen ziemlichen Horror" nennt. „Ich habe mich einfach zu wenig geliebt gefühlt und wollte den Papa für mich haben. Aber es waren immer noch drei, vier andere Leute da, Papas Freundin, die anderen beiden Kinder und mein Bruder auch noch. Ich habe das nicht akzeptieren wollen, und so ist es mir in dieser Zeit irrsinnig schlecht gegangen. Mein Vater hat mich sehr verletzt, und ich habe mich oft nicht ernst genommen gefühlt. Ich hasse es, wenn mich jemand nicht für voll nimmt." Anna ist sehr aufgewühlt und man merkt, dass ihr die Geschichte mit ihrem Vater immer noch nahe geht.

Anna ist dreizehn, als sie beschließt, die Besuche beim Vater einzustellen. Sie will sich schützen und nicht mehr um seine Liebe kämpfen. Nach einem Jahr beginnt er, sich um seine Tochter zu bemühen. „Endlich ist er mir mal nachgelaufen. Dann haben wir irgendwie die Kurve gekriegt, und mittlerweile ist unser Verhältnis wieder okay." Aber so ganz in Ordnung scheint es noch nicht zu sein. Anna wünscht sich nach wie vor, dass ihr Vater einsieht, dass auch er Fehler gemacht hat. Sie hat sich für ihr damaliges Verhalten entschuldigt, er nicht. Das nimmt sie ihm noch immer übel. „Aber ich lass mir nicht mehr so wehtun. Sogar beim Therapeuten war ich, so für fünf Sitzungen, und seither geht es mir wieder gut. Ich stehe jetzt über der ganzen Geschichte mit dem Papa und es reicht mir, ihn alle zwei Monate zu sehen."

Das Familienleben auf dem steirischen Hügel ist sehr harmonisch. Ingrid und Gabi gehen zärtlich miteinander um. Matthias beginnt zu ahnen, dass Gabi und Ingrid Geliebte sind. Eines Tages fragt er Anna, ob sie denn nicht auch vielleicht meine, dass die beiden etwas miteinander haben. Anna will das nicht glauben. „Ich habe es befürchtet, aber meine Schwester und ich haben uns beide nicht getraut zu fragen." Als er es dann vier Jahre später mit 16 offiziell erfährt, ist er nicht überrascht. Einen kleinen Stich versetzt es ihm, aber dann „war es erledigt. Es war ja eh logisch und mein Vater hat ja auch schon Andeutungen gemacht. Aber so richtig reagiert habe ich eigentlich nicht."

Anna kennt zwar das Wort „lesbisch", bezieht es jedoch nicht auf Gabi und Ingrid. „Die Mama hielt irgendwann den Zeitpunkt für gekommen, und dann hat sie es uns gesagt. Da war ich 13, und wir waren im Urlaub. Wir sind da gesessen und dann hat sie gesagt, dass die Ingrid und sie nicht nur Freundinnen, sondern auch ein Paar sind. Das Gespräch war mir unangenehm, ich weiß nicht, warum. Es war ein Schock, der aber nach ein paar Tagen überwunden war."

Schwierig wird für Matthias die Tatsache, dass er nur mit ganz wenigen Menschen darüber reden kann. Er fühlt sich in dem kleinen Ort nicht verwurzelt, und in der Gegend gibt es wenig Jugendliche, mit denen er sich richtig gut versteht. Zum Glück hat Matthias zwei wirklich gute Freunde, denen er sich anvertraut, aber oft ist ihm das zu wenig. „Ich habe immer gelogen, weil meine Kumpels aus dem Nachbarort nicht so auf meiner Wellenlänge waren. Es war mir irgendwie peinlich. Nicht, dass es so ist, sondern die Angst, dass es nicht akzeptiert wird. Was es in unserem kleinen Ort nicht wird." Hinzu kommt, dass seine Mutter in ihrem Beruf nicht offen lesbisch sein darf. So fühlt sich Matthias gezwungen, seine Familiensituation zu vertuschen und Ingrid als eine Tante auszugeben. „Das hat mich schon belastet. Ich hätte lieber einfach erzählt, wie es ist. Aber das wäre nicht gegangen." Matthias ist froh, dass er es während seiner Hauptschulzeit, also bis zur 8. Klasse, noch nicht offiziell wusste, dass seine Mutter lesbisch ist. Als er dann aufs Gymnasium wechselt, entspannt sich die Situation insofern, als Matthias nicht nur mit Jugendlichen aus seiner direkten Umgebung zusammenkommt, sondern dass er andere Mädchen und Jungen kennen lernt. Mit 19 zieht er allein nach Graz und seine Familie ist von nun an nur noch eines von vielen Gesprächsthemen. „Es ist kein großes Ding jetzt. Klar habe ich neue Freunde hier, aber ich habe es halt einigen erzählt und das war's dann. Damals war ich verstrickt in dem Ganzen, aber heute stehe ich voll dahinter. Es ist ja auch die Geschichte meiner Mutter; heute betrifft es mich gar nicht mehr so."

Auch Anna behält das Lesbischsein von Gabi und Ingrid für sich. Ihre Mutter mahnt sie zur Vorsicht, dass sie es nur dann erzählen soll, wenn sie sich ganz sicher fühlt. Aber wo kann man sich schon wirklich sicher fühlen, fragt sich Anna. Die Verwandtschaft ist teilweise sehr konservativ, und da ist es für Anna schwierig, dass ihre beste Freundin Elisabeth auch ihre Kusine ist. „Der Elisabeth habe ich es erst ganz spät gesagt, so vor zwei, drei Jahren. Sie hat es sich eh schon gedacht und war eigentlich nur enttäuscht, dass ich es ihr erst jetzt sage. Aber ich habe mich einfach nicht eher getraut." Annas Großeltern, die auf dem Land die direkten Nachbarn waren, wissen es bis heute nicht. „Also vielleicht wissen sie es, aber ich finde es gut, dass das nicht ausgesprochen ist. Die sind so erzkatholisch und außerdem hätten sie dann der Ingrid gegenüber Vorurteile gehabt. So lieben sie die Ingrid einfach und irgendwie akzeptieren sie es, ohne es auszusprechen. Schon eine ziemliche Leistung von ihnen", findet Anna. Sie ist froh, dass ihre Mutter mit ihrem Coming-out so lange gewartet hat. „Ich hätte damals als 8-Jährige noch nichts damit anfangen können und allein als Scheidungskind war man schon Außenseiter. Und dann auch noch eine lesbische Mutter – da wäre die Hölle los gewesen. Wahrscheinlich hätte ich damit kein Problem gehabt, aber meine Umwelt. Es wäre für mich früher viel schwieriger gewesen, es für mich zu behalten, ich hätte es bestimmt jemandem gesagt."

Seit die Familie in Graz lebt, hat Anna der ganzen Klasse von ihrer Familie erzählt. Es passiert oft, dass andere Jugendliche das Lesbischsein ihrer Mutter „total cool" finden. Für Anna ist diese Reaktion befremdlich. „Am Anfang war das lustig, da ist man gleich ein bisschen im Mittelpunkt. Aber jetzt nervt es. Sie wissen nicht, wie es wirklich ist. Wieso cool? Es ist weder cool noch blöd, es ist einfach so. Und in Wahrheit ist es eigentlich komplizierter, als wenn ich normale Eltern hätte, denn die müssen nicht andauernd aufpassen. Wenn Lesbischsein kein Problem mehr wäre, dann wäre es sicher cool." Und dann sagt Anna noch, dass sie sich wünscht, dass die anderen mal nachfragen, wie es ihr denn damit geht oder was bei ihnen in der Familie vielleicht anders ist. „Es fragt keiner was. Die Leute sagen, es ist eh kein Problem mehr heute, aber das stimmt halt nicht. Mir ist lieber, wenn eine Freundin hinterher zu mir kommt und sagt, dass sie das komisch findet oder so. Ist aber so noch nie passiert."

Direkt verteidigen musste Anna ihre Familie noch nie, und wenn über Lesben und Schwule dumme Sprüche geklopft werden, steht Anna meistens drüber und findet, dass sie das nicht persönlich nehmen sollte. Aber es gibt schon etwas, was sie in diesem Zusammenhang sehr nervt. „Wenn Leute sagen, dass in der Beziehung zwischen Mama und Ingrid die Mama mehr der Mann ist und die Ingrid mehr die Frau. Das ist doch Schwachsinn. Vielleicht kommt das in einem von hundert Lesbenpärchen vor, dass eine gern der Mann sein will, aber ich sage dann immer, das sind zwei Leute, die sich lieben, so wie sie sind, die sind ein eingespieltes Team und aus. Das habe ich schon oft sagen müssen, das ist Standard."

Für Matthias ist es nicht leicht, sich von der Familie zu lösen und selbst ein eigenes Leben aufzubauen. Mit dem Erwachsensein ist er noch nicht ganz einverstanden. In seinem ersten halben Jahr in Graz, als Gabi, Ingrid und Anna noch auf dem Land lebten, fuhr er jedes Wochenende zu ihnen nach Hause. Und auch jetzt, in der neuen Wohnung, lebt der 21-Jährige nur ein paar Straßen von den drei Frauen entfernt.

Derzeit ist Matthias intensiv damit beschäftigt, sein Verhältnis zu seiner Mutter zu klären. „Wir haben auf jeden Fall eine sehr vertraute Beziehung und sind uns auch ziemlich ähnlich. Wir verstehen uns gut und doch gibt es oft Streit, weil sie mich provoziert und so dominant ist." Ich frage nach seiner Beziehung zu Ingrid. „Wie das mit der Ingrid gewesen ist, dieser fließende Übergang von ihren Besuchen bis zu ihrem Einzug, das hat super gepasst. Sie war von Anfang an eine Bereicherung und schon fast wie ein Elternteil. Und mit ihr kann ich gut reden. Sie ist ein Ausgleich. Aber in letzter Zeit ist es so oder so schwierig."

Matthias macht gerade eine sehr schwere Phase durch. Er kann sich vorstellen, dass es für Gabi und Ingrid im Moment nicht leicht ist, mit ihm umzugehen. „Irgendwie war die Beziehung bis vor zwei Jahren super. Ich weiß nicht, was passiert ist. Es hat mit mir zu tun. Seit ich alleine wohne, ist es für mich wirklich schwierig." Matthias leidet darunter, dass er im Moment sehr mit sich selbst beschäftigt ist und sich zuweilen abkapselt und unzugänglich wirkt. „Es stört mich, das ich das Leben an sich nicht auf die Reihe kriege und nicht mehr durchblicke."

Und dann fragt sich Matthias immer mal wieder, ob er zur Zeit sein Leben deshalb nicht in den Griff bekommt, weil ihm ein männliches Rollenvorbild gefehlt hat. Ein Mann, bei dem er sich etwas abgucken, an dem er sich hätte reiben können. „Ich kapier es alles nicht so ganz. Mit der Ingrid verstehe ich mich gut, mit meiner Mama auch und mit meinem Vater auch. Ich weiß, dass sie nur das Beste probiert haben. Aber irgendwie ist mir in der Pubertät die männliche Energie und die Vaterfigur abgegangen. Ich tue mich mit Männern so schwer, aber vielleicht liegt das auch daran, dass ich nicht so typisch wie viele Männer bin. Ich bin eben nicht so ein Macho."

Eine Zeit lang denkt Matthias besorgt darüber nach, ob sich sein Aufwachsen bei lesbischen Eltern auf seine sexuelle Orientierung auswirken könnte. „Ich habe mir gedacht, hoffentlich werde ich nicht auch schwul. Denn dann sagen alle: ‚Aha, lesbische Eltern, klar, dass er schwul wird.' Aber es ist ja nicht wirklich eine Entscheidung. Ich weiß es nicht." Heute sieht er die Sache lockerer. „Ehrlich gesagt, bin ich mir nicht sicher. Prinzipiell bin ich offen für alles."

Anna schätzt sich selbst ziemlich heterosexuell ein. Es gab eine Zeit, da hat Anna sich gefragt, was wäre, wenn sie sich auch eher in Frauen verlieben würde. Bei diesem Gedanken war ihr gar nicht wohl, sicher auch deshalb, weil ihre Mutter Gabi sich für sie ein leichteres Leben erhofft. „Sie wünscht mir, dass ich glücklich werde, egal wie. Aber zumindest zur Zeit ist ein Leben als Lesbe immer noch ein schwierigeres Leben." Dennoch würde Anna von sich nicht als „total hetero" reden, auch wenn sie sich bisher noch nicht in eine Frau verliebt hat und sich dies auch nicht so recht vorstellen kann.

Die Beziehung zwischen Gabi und Ingrid ist für Anna „einfach perfekt". „Wenn ich jemals eine Beziehung habe, die nur halb so gut ist wie ihre, dann kann ich mich glücklich schätzen. Sie sind so ehrlich, erzählen sich alles und sind sehr liebevoll miteinander. Wenn sie sich streiten, dann dauert es immer nur ganz kurz. Schade, dass man dieses Vorzeigepaar nicht jedem vorzeigen kann." Anna lacht und ihr Lachen hat etwas Ansteckendes. Überhaupt ist in der Wohnung eine heitere Atmosphäre, die Annas Freundinnen immer wieder kommentieren. „Wenn die Leute das dann sagen, wie gern sie hierher kommen, dann merke ich es selber erst, wie lustig und locker es bei uns zugeht. Dabei wird am Esstisch viel über Ernstes geredet. Man kann diskutieren, die eigene Meinung sagen, und es ist immer ein totaler Zusammenhalt da. Aber wir streiten uns auch oft, das muss ich schon sagen. Trotzdem – alles super." Außerdem ist Anna sehr froh, in einem „Weiberhaushalt" zu leben. Dass ihr Bruder beim Umzug nach Graz gleich in eine eigene Wohnung gezogen ist, fand sie sehr befreiend. „Wir verstehen uns gut, aber er ist einfach ein totaler Chaot, sehr schlampig, und mit uns drei Frauen in der Wohnung ist es sehr angenehm."

Ihre Beziehung zu Ingrid? Anna kann sich nicht entscheiden, wie sie Ingrid nennen soll. Eine zweite Mutter ist sie für sie nicht, auch wenn sie bei Annas Erziehung mit einbezogen war und es immer Dinge gab, die Anna eher mit ihr besprochen hat. „Es war schon so wie mit Vater und Mutter im herkömmlichen Sinn, aber trotzdem war sie nie meine Mutter. Sie war Mamas Partnerin und meine – tja, wie soll ich sie nennen – Freundin ist sie auch nicht. Sie ist eine Art Partnerin. Sie ist einfach immer da, und das ist gut so." Anna weiß, dass Ingrid es genießt, wenn sie für Annas Mutter gehalten wird. Das geschieht häufig, denn Anna sieht eher Ingrid ähnlich als ihrer Mutter Gabi. Und dann lässt Anna das auch so stehen, weil sie findet, dass Ingrid ja auch viel „mitgetan" hat bei der Erziehung. „Also für sie sind wir sicher wie ihre Kinder."

In einem Bereich ist Ingrid für Anna durchaus ein Vorbild. „Alles, was sie beruflich macht, hat Hand und Fuß. Sie war Chefin von einem Frauenprojekt für Berufswiedereinsteigerinnen und hat dauernd irgendwelche neuen Projekte aufgezogen, einfach super. Und sie hat so eine Ausstrahlung – ich glaube, da will ich mehr so sein wie sie, weil ich vielleicht so bin wie die Mama."

Doch Ingrid und Anna geraten auch oft aneinander. Anna findet Ingrid zu empfindlich, und Ingrid gefällt der ruppige Ton, den Anna manchmal anschlägt, überhaupt nicht. „Ja, wenn ich schlecht drauf bin, kann ich sehr bissig und zornig sein. Und wir gehen schon ab und zu recht grob miteinander um, besonders die Mama und ich, und das ist oft Spaß. Wir haben halt auch eine ähnliche Art von Humor, und wenn man das nicht gewohnt ist, dann ist es schon hart." Aber Anna und Ingrid versöhnen sich auch ganz schnell wieder.

Dann spricht Anna über ihre Mutter und ihr Gesichtsausdruck wird ganz weich. Sie zählt auf, was sie an ihr bewundert. Wie mutig sie war, ihr Leben in die Hand zu nehmen, wie gut sie Anna und ihren Bruder erzogen hat, und dass sie ihr alles erzählen kann, aber nicht muss. Anna schätzt das in sie gesetzte Vertrauen sehr und die damit verbundenen Freiheiten. „Also, ich finde, sie macht das mit mir ziemlich gut."

Nächstes Jahr wird Anna die Schule abschließen. Und dann? Am liebsten würde Anna zum Fernsehen – nein, nicht in irgendeiner Serie mitspielen, sondern ein Job als Moderatorin oder Nachrichtensprecherin würde sie reizen. Und Sprachen sind auch Annas Ding, vielleicht wird sie nach ein paar Semestern Italienisch ins Ausland gehen. „Ich bin ein positiv denkender, sehr geselliger Mensch. Wer weiß, vielleicht verschlägt es mich ganz woanders hin." Anna streicht sich die langen Haare aus dem Gesicht und setzt sich noch einmal an ihr schwarzes Klavier und spielt *Come Away With Me*.

Matthias lehnt sich zurück und entspannt sich. Doch dann klingelt sein Handy erneut. „Ja, Papa, ich bin jetzt fertig. Ich komme dann gleich." Er wendet sich mir zu: „Ich muss jetzt in meine neue Wohnung. Hoffentlich schaffen wir den Boden heute." Ich drücke ihm die Daumen.

Foto: privat, 2004

„Bei uns gibt's immer was zu feiern!"

Robin (11)

Robin, ein aufgewecktger Elfjähriger, isst am liebsten Schnitzel mit Pommes. Und er will Comiczeichner werden, denn er liebt Mangas – japanische Comics. Fußballer wäre auch noch eine Möglichkeit. Sein Motto: Niemals aufgeben und immer weiterprobieren!

Ich besuche Robin in seinem Zuhause: Eine großzügige Münchner Altbauwohnung in einer Villa, die er mit seinen beiden Vätern bewohnt. Zwei Väter hatte Robin nicht von Anfang an. Eigentlich hat alles ganz traditionell begonnen. Eine Frau und ein Mann lernen sich kennen und lieben, sie heiraten und nach vielen Jahren kündigt sich plötzlich Robin an. Als er fünf Jahre alt ist, verlässt Robins Vater Eckard die Familie, weil es ihn zu Männern zieht. Das war 1997. Robin bleibt bei seiner Mutter und der großen Schwester, die aus erster Ehe der Mutter stammt. 1998 stirbt Robins Mutter bei einem Unfall. Da kennen sich Eckard und sein Freund Peter gerade mal sechs Wochen.

Bald darauf versuchen Eckard, Robin und Peter, irgendwie zusammenzuwachsen. Eine Familie sind sie da aber noch lange nicht.

„Ja, am Anfang war der Peter noch fremd und so, da wusste er noch nicht mit Kindern richtig umzugehen. Und dann hat er manchmal Fehler gemacht."

Zur Familie mit zwei schwulen Vätern werden die drei erst nach und nach. „Am Anfang war es komisch, aber dann gewöhnt man sich ja daran, dann ist es nicht mehr schlimm." Robin erinnert sich noch daran, wie das war, als Peter in die Familie kam. „Also er hat sich dann bei uns eingewohnt und ich hab's nicht so verstanden, weil ich war ja noch klein, und dann irgendwann kannte ich ihn halt auch als Papa." Die Frage, wie denn sein Verhältnis zu den beiden Papas sei, beantwortet er mit einem Wort: „Eng." Er macht auch keinen Unterschied zwischen den beiden. „Dass ich den Peter auch gern habe, das finde ich schön. Weil, es könnte ja sein, dass ich mich mit ihm streiten würde, dass ich mich dann nicht wohlfühlen würde."

Robins Großmutter väterlicherseits hatte große Probleme mit der neuen Familiensituation. Da musste erst mal viel Zeit vergehen und geredet wird über das Thema eigentlich nicht. „Ja, vor allen Dingen meine Oma – die konnte es erst mal gar nicht verkraften. Und nach einer Zeit wusste sie es und musste damit einverstanden sein, und dann ging's." Ich frage, ob es für die Großmutter ein unangenehmes Thema ist. „Nein, das glaube ich nicht, aber warum sollte die darüber sprechen? Das weiß ich auch nicht; also die weiß es ja und die erzählt es auch keinem weiter."

Vor kurzem ist Robin auf eine neue Schule gekommen, eine Ganztagsschule. In dieser Schule weiß noch niemand von seiner ungewöhnlichen Familienkonstellation. In der Grundschule wussten alle Bescheid. Dort hat Robin keine offene Diskriminierung wegen seiner schwulen Väter erlebt. „Da hatte ich auch noch Freunde aus der zweiten bis zur vierten Klasse, und die wussten das ja. Und die hat es aber auch nicht gestört – glaube ich."

Dennoch zögert er, in der neuen Schule von seiner Familie zu erzählen. „Also ein bisschen habe ich davor Angst, ich weiß es nicht. Ich habe es noch nicht ausprobiert zu sagen, weil manche aus meiner Klasse, die finden das komisch, dann habe ich Angst, dass ich die verliere, wenn ich es denen sage." Robin rutscht auf seinem Stuhl hin und her.

Am besten gefallen Robin an seinem Familienleben die vielen gemeinsamen Unternehmungen. Die Familie ist oft unterwegs, sehr gerne zum Beispiel im Schwimmbad.

Robin mag Sport. Er skatet und spielt Fußball und außerdem spielt er Schach in der Schule. Die Ganztagsschule mit ihren vielfältigen Angeboten gefällt ihm sehr gut.

Ich frage Robin, ob er meint, dass er mit seinen zwei Vätern irgendwie anders lebt als die anderen Kinder in seiner Klasse. Robin grinst: „Zum Beispiel, dass man immer in andere Restaurants geht und auch weil es oft was zu feiern gibt." Robin findet es gut, dass seine Eltern offen schwul sind. Er kennt alle Erwachsenen aus dem vielfältigen homo- und heterosexuellen Freundeskreis von Eckard und Peter und genießt es, wenn viel los ist.

Als er noch in der Grundschule war, wurden Robins Geburtstage immer zu Hause gefeiert. Da kam es schon auch mal vor, dass der eine oder andere Freund ihn um seine beiden Väter beneidet hat. „Bei euch ist es soo nett", das hat Robin mehrmals gehört.

Am liebsten übernachtet Robin bei seinem Freund Michi, denn mit den Erwachsenen ist es auf Dauer doch langweilig. Manchmal übernachtet Michi auch bei Robin und dann wird die halbe Nacht geredet und gespielt.

Was Robin am meisten stört? „Überhaupt finde ich blöd, wenn Ausländer sagen, dass Schwule und Lesben behinderte Menschen sind oder blöd. Das stört mich, weil die es gar nicht wissen können. Und das sagen denen wahrscheinlich die Eltern und dann kennen die nichts anderes, das stört mich. An meinen Eltern richtig groß stören tut mich eigentlich gar nichts." Nervig findet er, wenn ihn jemand fragt, ob er wohl auch mal schwul wird. „Na ja, wenn welche meinen, dass sie es sagen müssen, dann sollen sie es sagen, aber ich finde es blöd."

Robins Wünsche? „Es wäre halt gut, wenn meine Mutter wieder leben würde. Aber so wie es jetzt ist, ist es auch gut. Ich wünsch mir, dass nicht noch irgendwer stirbt."

Ich frage Robin, ob er eine Botschaft für andere Kinder von lesbischen Müttern oder schwulen Vätern hat. „Ja, dass sie sich nicht schämen sollen und dass sie ihr Leben leben sollen."

Milchreis ist übrigens Robins zweites Lieblingsessen.

„Eine Doppelhochzeit, das wäre schön!"

Nell (9) und Mia (13)

Die beste Freundin von Nell heißt Jule, und heute hat sie Geburtstag. „Zu der gehe ich nachher gleich. Ich bring auch ein Geschenk mit – einen Stressball, das ist ein Ball, den kann man kneten und verschiedene Münder machen. Man kann ihn sogar gegen die Wand schmeißen", erzählt Nell begeistert. Sie selbst hat einen gelben Stressball, den ihr Susanne aus Australien mitgebracht hat. „Susanne ist die Freundin von der Mama."

Mama, das ist Sylvia. Sie und Susanne sind gerade auseinandergezogen. Wie ist das für Nell? „Am Anfang fand ich das ein bisschen komisch, aber jetzt finde ich das ganz okay, weil sonst hätten die sich immer mehr gestritten, und dann hätten die sich ganz getrennt."

Sylvia und ihre beiden Töchter Nell und Mia leben in Düsseldorf. Vor zwei Wochen sind sie in eine andere Wohnung gezogen. Alles wirkt ganz neu, die frisch gestrichenen Wände, die Bilder und Grafiken, die das Wohnzimmer zieren, das eine oder andere neu erworbene Möbelstück, und doch ist die Erdgeschoss-Wohnung mit Terrasse, einem Gärtchen vorne und einem hinten schon richtig eingewohnt. „Ich finde das hier ein bisschen schöner als die andere Wohnung, obwohl es dort auch eine Terrasse gab. Dafür haben wir jetzt zwei Gärten."

„Die Suppe ist gleich fertig!" ruft Markus aus der Küche. Markus ist der Vater von Nell und Mia. Er ist für ein paar Tage aus Berlin zu Besuch, wo er mit seinem Lebenspartner Johannes lebt.

Vor sehr langer Zeit waren Sylvia und Markus ein Paar, bis sie merkten, dass Sylvia sich eher zu Frauen hingezogen fühlte und Markus mehr zu Männern. Als sich Sylvia ein Kind wünschte, kam für sie nur Markus als Vater in Frage. Nach kurzer Bedenkzeit war Markus einverstanden und drei Versuche später war Sylvia mit Mia schwanger. Und weil Mia unbedingt ein Geschwisterchen haben sollte, kam vier Jahre danach Nell zur Welt. Für Sylvia und Markus war von Anfang an klar, dass Markus eine aktive soziale Vaterrolle übernehmen sollte und würde.

Nell findet die Aufteilung gut, ihren Lebensmittelpunkt in Düsseldorf zu haben und regelmäßig ihren Vater in Berlin zu besuchen. „Ja, dann sehe ich von beiden etwas, und dann bin ich mehr unterwegs. Ich find's in Berlin sogar schöner, weil die haben so schöne Türen. Und manchmal gehen wir zu der Flora, das ist eine Freundin von der Mia, und die hat noch einen Bruder, den Max."

Für Nell ist ihr Leben selbstverständlich. „Ich bin ja damit geboren", kommentiert sie die Tatsache, eine große lesbisch-schwule Familie zu haben, denn Susanne und Markus' Partner Johannes gehören natürlich auch dazu.

Nell erzählt öfter von ihrer Familie, „deswegen wissen das, glaub ich, schon sehr viele. Ich habe auch meiner Freundin schon gesagt, dass meine Mama und die Susanne sich örtlich getrennt haben, und meine Freundin war ja schon oft in der alten Wohnung, deswegen weiß die ja auch, dass Mama und Papa jemand anderen lieben." Sie streicht sich eine hellblonde Haarsträhne aus dem Gesicht.

Nell besucht die 3. Klasse einer Montessori-Grundschule. Ihre Englischlehrerin mag sie nicht, „weil die meckert immer, egal, was wir machen." Basteln gehört zu Nells Lieblingsbeschäftigungen. „Ich habe auf eine Toilettenrolle einen Körper gemalt, dann habe ich Papier zu einem Ball zusammengeknüllt und aus Wolle Haare auf den Kopf geklebt. Und so was verschenke ich dann meistens."

Eine ihrer Lieblingslehrerinnen fragte vor einiger Zeit, wer von den Kindern denn mit der Mutter allein wohnt. „Ich habe mich gemeldet, und dann fragen die immer alle: ‚Warum wohnt ihr denn allein?' und dann sag ich: ‚Ich wohn ja nicht ganz allein mit der Mama, sondern auch mit der Freundin von der Mama.'"

In der Schule gibt es für Nell keine Probleme wegen ihrer unkonventionellen Familie. Andere Kinder, besonders im Hort, fühlen sich davon allerdings herausgefordert. „Die machen Witze darüber, das find ich doof. Die sagen dann ‚Dein Vater ist schwul.' Dann sag ich: ‚Ja, ist er auch.' Manchmal machen die das auch nur aus Spaß, aber ich find das trotzdem nicht witzig." Nell bestätigt, dass sich die Bemerkungen immer nur auf ihren Vater beziehen, nicht auf ihre Mutter. Meistens entschuldigen sich die anderen Kinder halbherzig, wenn sie merken, dass sie Nell verletzt haben. „Ich bin immer beleidigt, und dann sagen sie: ,'tschuldigung, 'tschuldigung.'"

Nell fühlt sich in ihrer Familie wohl. „Was ich toll finde, ist, dass ich so ein schönes Zimmer habe, so eine nette Mama und so eine nette Schwester, halt so eine nette Familie. Mit meinem Papa verstehe ich mich auch sehr gut." Wenn die 9-Jährige einen Wunsch frei hätte, dann würde sie gerne einen Tag in einem Schloss wohnen. „Ich würde Hähnchen mit Pommes essen, oft schwimmen gehen, schöne Kleider anziehen, was für die Familie mitbringen und ganz hoch in den Turm klettern. Und zum Nachtisch gäbe es dann Schokoladeneis mit Sprühsahne und Schokostreuseln." Sprühsahne mit Schokostreuseln ist eine Spezialität von Nells einer Oma. „Ich mag beide Omas gern, weil beide immer so leckeren Nachtisch machen. Die wohnen in Mettmann, das ist ja viel näher als Berlin."

Nell wird langsam unruhig. Das Geburtstagsfest ihrer Freundin Jule geht gleich los, und vorher will Nell noch eine Suppe essen. Wir gehen nach draußen. Die Hühnersuppe wird von Markus auf der Terrasse serviert. Nells Mutter Sylvia und Schwester Mia sitzen auch am Tisch. Nell erzählt, dass sie entweder Krankenschwester oder Tierärztin werden will. Da schaltet sich Mia ein. „Werd doch lieber Tierärztin, das ist besser und du verdienst mehr", sagt die 13-Jährige. Und Nell schlägt ihrer älteren Schwester daraufhin vor, sie könne ja dann in der Praxis das Sekretariat übernehmen. „Nö", meint Mia, „das will ich dann doch nicht." Die beiden Mädchen lachen. „Ich gehe jetzt zu Jule, also tschüss." Nell steht auf und rennt ins Haus, um ihre Schuhe anzuziehen.

Ich gehe mit Mia in ihr Zimmer. Als erstes fällt mir der Computer auf. „Wenn ich mit den Hausaufgaben fertig bin, lese ich entweder oder ich setze mich an den Computer und schreibe Geschichten. Fantasy oder Krimis oder Rittergeschichten. Leider habe ich tausend Anfänge und komme nicht dazu, sie weiterzuschreiben." Mia geht in die 7. Klasse des Goethe-Gymnasiums. „Ich gehe sehr gerne in die Schule. Wir haben tolle Lehrer, vor allem mein Deutschlehrer, der ist extrem gut, und Deutsch mache ich sehr gerne. Ich bin auch relativ gut in der Schule – letztens habe ich meine erste Eins in Mathe geschrieben, das war echt schön!"

Mia war vier Jahre alt, als etwas ziemlich Wichtiges geschah: Auf einem „erwachsenen" Geburtstagsfest lernte sie Susanne kennen und wollte ihr unbedingt sofort ihr Zimmer zeigen. Also musste Susanne möglichst bald zu Mia nach Hause eingeladen werden. „Und dann haben sich Mama und Sanne ineinander verliebt. Irgendwann sind sie zusammengezogen und waren so ungefähr acht Jahre zusammen. Tja, und jetzt haben sie sich getrennt, das heißt, sie müssen sich noch darüber klar werden, was sie jetzt wollen." Für Mia ist es sehr ungewohnt, dass Susanne jetzt plötzlich nicht mehr da ist. Schließlich kennt sie es nicht anders, und natürlich ist Susanne auch ihre Mutter. „Sie war immer für mich da; ich konnte immer zu ihr gehen. Ich kann das natürlich nach wie vor, aber es ist ganz anders jetzt. Sie wird immer so etwas wie eine Mama sein, da bin ich mir ganz sicher."

Manchmal wünscht sich Mia, dass die beiden wieder zusammenkommen, denn sie vermisst Susanne. „Mama ist zur Zeit ziemlich traurig, weil sie die Sanne auch vermisst. Und dann reden wir manchmal darüber, aber eher selten. Die beiden müssen das halt klar kriegen."

Die neue Lebenssituation bringt aber auch Vorteile für Mia. Sie hat jetzt zum Beispiel ein eigenes Zimmer, sogar mit einem kleinen Garten davor. „Mein Zimmer ist klasse. Aber es ist irgendwie lustig, ich habe jetzt ein eigenes Zimmer, aber meine kleine Schwester ist eigentlich genauso viel in meinem Zimmer, wie wir vorher in unserem Zimmer zusammen waren." Mia versteht sich gut mit Nell, doch sie findet, dass ihre Schwester ein wenig verhätschelt und sie selbst eher etwas zu grob angefasst wird. „Nell ist halt klein und süß, aber sie kann auch manchmal sehr zickig werden." Wenn Sylvia abends mal weg ist, dann ist Mia fürs Ins-Bett-Bringen zuständig, inklusive Zähne putzen und Gute-Nacht-Geschichte vorlesen. „Ich möchte bald mal babysitten, und das mit Nell ist dafür eine gute Übung."

Mia findet es toll, dass ihr Vater Markus gerade bei ihnen in Düsseldorf ist. Und das gleich für eine ganze Woche. „Er ist zwar selten da, aber wenn er da ist, dann ist es immer voll lustig und wir unternehmen viel, das genießt man dann richtig. Ich würde mir wünschen, dass er öfter da wäre. Aber er wohnt ja in Berlin." Markus' Freund Johannes ist für Mia wie ein zweiter Vater. „Ich kann mich gar nicht erinnern, dass der mal nicht mit meinem Vater zusammen war. Ich mag ihn sehr gerne. Er ist Psychologe, das finde ich toll, und man kann ihn alles fragen."

Mia hätte gerne die gesamte Familie ganz nah um sich herum, aber nach Berlin ziehen möchte sie auf keinen Fall. „In Berlin sind die Schulen nicht so toll, und ich bin sehr glücklich da, wo ich jetzt bin. Für mich wäre es natürlich schön, wenn alle hier wären, aber ich glaube, es wird letztendlich immer so bleiben, dass sie in Berlin wohnen und wir hier." Manchmal gibt sie gerne ein wenig damit an, dass ihr Vater in Berlin wohnt und sie ihn ab und an am Wochenende besucht.

Wenn Mia einen Wunsch frei hätte, dann würde sie sich eine Doppelhochzeit wünschen. Sylvia und Susanne sollen heiraten und Markus und Johannes auch. Mia und Nell streuten Blumen und hätten wunderhübsche, farblich zusammenpassende lange Kleider an. „Es wäre Friede-Freude-Eierkuchen, und wir würden vielleicht sogar alle in derselben Stadt wohnen. Und dann würde ich jemanden kennen lernen, der auch homosexuelle Eltern hat, das wäre schön."

Mia grinst und macht es sich auf ihrem Sitzsack noch ein wenig gemütlicher. Und dann erzählt sie vom schönsten Urlaub ihres Lebens. Vier Jahre ist das her, aber sie kann sich noch ganz genau daran erinnern. „Wir waren alle sechs in Thailand. Vier Wochen zusammen! Alle haben sich total gut verstanden. Und dann Urwald, weiße Strände und Korallenriffe, das war traumhaft. Vielleicht machen wir das nächstes Jahr noch mal."

In Mias Klasse wissen alle, dass Mias Eltern homosexuell sind. „Ja, meine Freunde und einige, mit denen ich täglich so zu tun habe, die wissen das alle und meine Lehrer auch. Meine Eltern waren ja mal bei Biolek im Fernsehen, und das hat dann mein Deutschlehrer gesehen. Er hat mich auch darauf angesprochen, wie toll er das fand. Es hat echt niemand ein Problem damit, weil die meisten welche kennen, die schwul oder lesbisch sind."

Erst als ich nachfrage, erinnert sich Mia an eine unangenehme Situation, die sie im Zusammenhang mit ihren lesbisch-schwulen Eltern erlebt hat. „Meine Freundin und ich wollten uns treffen, und ihr Vater war wegen meiner Eltern total dagegen. Mich hat das ziemlich sauer gemacht, denn ich konnte ja nicht einfach zu dem Vater hingehen und sagen, wie blöd ich das fand. Wir haben uns trotzdem getroffen, und irgendwann hat der Vater dann auch nachgegeben. Ich war echt wütend. Es sind zwar meine Eltern, aber ich bin ja nicht lesbisch. Und selbst wenn, wüßte ich nicht, was man dagegen haben könnte. Ich fand das sehr rassistisch."

Mia kann gar nicht verstehen, dass jemand mit ihrer Familie Schwierigkeiten haben könnte. Immer ist jemand da zum Reden, die Großeltern leben in der Nähe und haben auch so etwas wie eine Elternfunktion. „Es ist einfach anders als in anderen Familien. Schon allein, weil es so eine Riesenfamilie ist. Und weil sich meine Eltern so gut verstehen. Ich kenne so viele, bei denen die Eltern auseinander sind. Und dann ist meine Mutter lesbisch, mein Vater schwul, und mein Onkel, der ist auch schwul, das gibt es ja auch total selten. Mein Onkel ist Opernsänger und heiratet im Sommer, und wir freuen uns alle schon total darauf. Na ja, und zwei Mütter und zwei Väter das hat sowieso keiner. Alle meine Freunde haben heterosexuelle Eltern. Schade eigentlich. Das wäre schon super, wenn ich noch andere hätte, dann könnten wir ein bisschen vergleichen."

Wenn jemand etwas gegen ihre Familie sagt, kann Mia auch sehr ungemütlich werden. „So wie der Vater dieser Freundin, der nicht wollte, dass wir uns treffen. Oder wenn jemand voreilig Schlüsse über jemand anderen zieht, das macht mich auch ziemlich sauer. Ich finde, man muss erst jemanden richtig kennen, um dann etwas gegen ihn sagen zu können."

Mia ist gewohnt, auf Bemerkungen zu reagieren, die ihr nicht gefallen. „Ich sage schon etwas, wenn ich das doof finde, egal, was es ist."

Das passt gut zu Mias Botschaft: „Lasst euch nicht ärgern, wenn jemand was gegen eure Eltern sagt. Redet dagegen und stellt klar, wie toll eure Familie ist."

Wenn sich Mia ihre Zukunft vorstellt, dann möchte sie in Berlin Medizin studieren, aber vielleicht auch etwas anderes. Und später sieht sie sich in einem Haus mit großem Garten und Tieren. Auf jeden Fall möchte sie Kinder haben. Und wie sonst? „Vielleicht mit einem Mann oder einer Frau, das weiß ich ja noch nicht. Und am besten hier in Düsseldorf oder in der Umgebung, das wäre schön."

Foto: privat, 1991

„ES WAR SCHLIMM FÜR MICH,
DASS MICH MEINE MUTTER WEGGEGEBEN HAT!"

Jasmin (31)

„Wer weiß, in welchem Sumpf ich ohne Karin und Hilde gelandet wäre", sagt Jasmin nachdenklich. „Heute kann ich das so sehen, aber damals war alles erst mal nur ganz schrecklich." Die drahtige 31-Jährige wirft ihren langen Pferdeschwanz nach hinten und erzählt ruhig und konzentriert ihre Geschichte. Von ihrer Mutter Renée und von Karin und Hilde, ihren beiden Pflegemüttern, bei denen sie sechs Jahre gelebt hat.

Aber der Reihe nach. Jasmin wächst bei ihrer Mutter Renée in Berlin auf. Einen Vater gibt es nicht, andere Verwandte auch nicht. Renée ist Alkoholikerin und immer wieder mit ihrem eigenen Leben und der Aufgabe, ein Kind zu versorgen, überfordert. Schon als kleines Kind muss sich Jasmin oft um die betrunkene Mutter kümmern und Hilfe holen, wenn Renée mal wieder in einem Flaschenmeer zusammengebrochen ist. „Da gab es zum Glück zwei Freundinnen meiner Mutter, die dann gekommen sind und mir geholfen haben." Es ist Jasmin anzumerken, wie schwer es ihr fällt, über diese Zeit zu sprechen.

Eines Tages beschließt Renée, mit Jasmin zum Ausspannen in ein Frauenferienhaus in die Oberpfalz zu fahren, das von ihren Freundinnen Karin und Hilde geführt wird

Das Frauenferienhaus ist in den achtziger Jahren ein Rückzugsort für viele Frauen, die sich der feministisch-lesbischen Frauenbewegung zugehörig fühlen. Das Haus liegt am Rande des kleinen Ortes Tiefenbach; es gibt einen schönen Obst- und Gemüsegarten, Pferde und einen Hund. Karin und Hilde, schon seit vielen Jahren ein Paar, haben Berlin verlassen und sich hier eine neue Existenz aufgebaut. Renée und Jasmin verbringen schöne Ferien in Bayern. Jasmin reitet, sie gehen viel spazieren und Mutter und Tochter sind sich nah. Dennoch hält die Idylle nicht lange und Renée trinkt auch hier.

Einige Zeit nach ihrem Aufenthalt in Tiefenbach fragt Renée bei Karin und Hilde an, ob die beiden sich vorstellen könnten, Jasmin für ein Jahr als Pflegekind aufzunehmen. In dieser Zeit wolle sie versuchen, mit dem Trinken aufzuhören. Nach kurzer Bedenkzeit willigen Karin und Hilde ein. Da ist Jasmin zehn Jahre alt. Die Erinnerung an diesen Moment ist noch sehr lebendig: „Das war schon sehr schlimm für mich, dass mich meine Mutter einfach so weggegeben hat. Ich kannte Karin und Hilde ja kaum, wir waren nur einmal da, und dann sind die nach Berlin gekommen und haben mich einfach mitgenommen." So zieht Jasmin aus der Großstadt Berlin ins tiefste Bayern und muss sich in einem neuen Leben zurechtfinden, mit neuen Eltern, einer neuen Schule, die von Jasmin viel mehr fordert und vor allem ohne ihre geliebte Mutter Renée. Jasmin wäre am liebsten sofort wieder umgedreht. Aber das geht nicht, denn Renée ist immer weniger in der Lage, sich adäquat um Jasmin zu kümmern.

Es ist ja nur für ein Jahr, tröstet sich Jasmin und versucht, sich an die Situation zu gewöhnen.

Mit Karin und Hilde gibt es erst einmal viele Kämpfe. „Wenn du schon von einem Elternteil eine Erziehung genossen hast und dann kommst du wohin, wo ganz andere Regeln gelten, das ist schon hart. Meine Mutter war völlig inkonsequent, weil sie ja ihre eigenen Probleme hatte, und so war ich schon ein wenig verwahrlost. Und Hilde, die war eher streng, und so war das ganz schön schwierig. Wir hatten viel Streit."

Im Ort Tiefenbach weiß niemand offiziell, dass Karin und Hilde Lesben sind. „Da wäre keiner auf den Gedanken gekommen. Insofern habe ich damit gut gelebt." Ganz anders Jasmins diesbezügliche Erinnerungen an Berlin: „Meine Mutter war damals eine sehr offene Lesbe. Die Kinder, mit denen ich zusammen war, haben das schnell rausgekriegt und dann wurde ich damit aufgezogen. Es war schwierig für mich, dass sie es so nach außen getragen hat. Ich selbst hatte ja keine Schwierigkeiten damit, nur die anderen." Während ihrer Zeit in Bayern spricht sie außerhalb des Frauenferienhauses nicht über die Lebensform ihrer Mutter oder Pflegemütter.

Nach einigen Monaten stellt sich heraus, dass es Renée weiterhin schlecht geht und Jasmin nach einem Jahr nicht zu ihr zurückkehren kann. Jasmin ist schrecklich enttäuscht.

Trotzdem spielt sich langsam so etwas wie ein harmonisches Familienleben ein, auch wenn es am Anfang für Jasmin schwer war, sich einzuleben „Ich habe auch sehr schöne Erinnerungen an unser Zusammensein. Das Haus, Frühstücken mit Hilde und Karin, der Hund, die Pferde, das Landleben. Das war schon ganz wichtig für mich. Ich glaube, nach der Zeit in Berlin und mit meiner Mutter konnte ich da gut aufwachsen. Da habe ich Glück gehabt. Und in dieser Zeit waren eben auch Karin und Hilde meine Eltern."

Es sollten noch weitere fünf Jahre vergehen, die Jasmin in Tiefenbach verbringt. Dann fragt Jasmin ihre Mutter, die mittlerweile nach Bremen gezogen war, ob sie nicht wieder mit ihr leben könnte. Renée willigt ein. Und Jasmin, überglücklich, entschließt sich, sofort zu ihrer Mutter zu ziehen. „Das war immer das, was ich wollte – mit meiner Mutter zusammen sein. Es war natürlich sehr schwierig für die beiden, dass ich einfach nur euphorisch war, wieder zu Renée zurück zu können. Aber die Trauer darüber, Tiefenbach jetzt zu verlassen, habe ich in diesem Augenblick gar nicht gespürt."

In Bremen leben Mutter und Tochter noch etwa zwei Jahre zusammen, bis Jasmin mit 18 eine eigene Wohnung bezieht, denn schwierig ist die Situation weiterhin. „Durch ihre Krankheit ist das einfach schwer, mit ihr zusammenzuleben. Sie kann das nicht. Wir hatten aber immer ein gutes Verhältnis, bis heute."

Nach wie vor überlegt Jasmin genau, wem sie von ihrer lesbischen Mutter erzählt. „Es ist noch ein solches Tabuthema, und es wird nicht gut damit umgegangen. Aber wenn Leute mir wichtig sind, erzähle ich es schon. Und es ist eigentlich immer gut aufgenommen worden."

Einmal gibt es eine schwierige Situation mit Jasmins zukünftiger Schwiegermutter, als Jasmin und sie sich noch nicht lange kennen.

Jasmin (31)

Der Fernseher läuft und es küssen sich zwei Frauen. „Da flippte sie völlig aus und rief: ‚Ihh, wie ekelhaft', und da hat es schon sehr in mir gebrodelt, weil das ja in meiner eigenen Familie völlig normal ist. Später, als wir uns besser kannten, habe ich ihr dann gesagt, dass ich nur mit Lesben aufgewachsen bin, und da hat sie ganz gut reagiert. Aber immer aussprechen tue ich es nicht."

Manchmal muss Jasmin Renée, Karin und Hilde verteidigen. Gerade ihr Mann hat immer mal wieder Probleme mit dem Lesbischsein von Jasmins Müttern. „Wir geraten schon manchmal aneinander, weil er in diesem Punkt einfach nichts kapiert. Er hat noch diese Vorstellung, dass die den richtigen Mann noch nicht kennen gelernt haben." Manchmal versucht er auch, sie mit dem Thema zu ärgern, weil er weiß, dass Jasmin immer gleich darauf reagiert. Besonders bei frauenfeindlichen Bemerkungen sieht Jasmin rot. „Ich bin einfach so erzogen worden, dass ich darauf etwas sage, und dann springe ich eben auch darauf an."

Hat Jasmin früher gedacht, ob sie eventuell auch lesbisch sein könnte? „Ja, ich habe mir schon Gedanken darüber gemacht. Aber dann habe ich gemerkt, dass ich Jungs einfach süßer fand. Und von daher war es mir bald klar, dass es bei mir nicht so ist."

Heute ist Jasmin auch sehr froh darüber, ein Stück unkonventionelles Leben kennen gelernt zu haben. „Mit 18 war ich stolz, diese Erfahrungen gemacht zu haben. Und heute denke ich, dadurch, dass ich nicht in einer stinknormalen Familie aufgewachsen bin, habe ich eine andere Sicht auf die Dinge. Ich finde, Töchter und Söhne von Lesben und Schwulen sollten stolz sein, dazu stehen und das Beste daraus machen." Gerne hätte sich Jasmin damals mit anderen Jugendlichen getroffen, die auch lesbische oder schwule Eltern haben. „Das hätte ich spannend gefunden, wie die das erleben. Auch heute würde mich das noch interessieren."

Jasmin lebt immer noch in Bremen, und zwar mitten in der Stadt, wie sie betont. Die gelernte Köchin kocht gern, meistens irgendetwas mit Nudeln, weil das ihrem Sohn am besten schmeckt. Eigentlich hätte sie viel lieber einen anderen Beruf gelernt. „Ich wollte Masseurin werden, aber meine Mutter hat mir damals abgeraten. Da müsste ich dann auch ganz eklige Leute anfassen. Aber ich massiere immer noch gern."

Jasmin lebt heute genau das, was sie eine Null-acht-fünfzehn-Familie nennt: ein Leben mit Mann, Kind und Hund. „Ja, ich bin jetzt seit fast sechs Jahren verheiratet und mein Sohn Jannis wird vier. Und in meiner Rolle als Hausfrau und Mutter gehe ich total auf." Ich glaube Jasmin aufs Wort, dass sie alles dafür tut, Jannis ein liebevolles und sicheres Zuhause zu bieten und ihm all die Geborgenheit zu geben, die sie selbst in ihrer Kindheit vermisst hat.

Foto: Gabriele Richter (Paul), 2004

„ICH MEINE, MAN SAGT JA AUCH NICHT: ‚DU HETEROPFERD!'"

Carolin (14) und Paul (13)

„Früher haben wir immer gespielt, wir wären Geschwister, und jetzt sind wir's." Carolin und Paul strahlen sich an. Als sie sich kennen lernen, sind sie nämlich Nachbarskinder. In Nummer 15 wohnt Paul mit seinen Eltern Gabi und Heiko und gleich nebenan in der Nummer 19 Carolin mit ihrer Mutter Anne und ihrem Vater Eike.

Die Familien mögen sich vom ersten Augenblick an; Anne und Gabis Mann arbeiten in derselben Firma und so stellt sich schnell eine gute nachbarschaftliche Beziehung her. Bald wird daraus eine enge Freundschaft. Sie laden sich gegenseitig zum Essen ein, unternehmen zusammen mit den Kindern Ausflüge, feiern gemeinsam den Polterabend von Carolins Eltern, lernen auch die weiteren Verwandten und Großeltern der anderen Familie kennen und helfen sich am Wochenende beim Hausbau. Denn als Carolin fünf ist und Paul vier, bekommen beide kurz nacheinander einen kleinen Bruder, Paul den Franz

Ferdinand und Carolin den Karl, und damit werden die Wohnungen in der Nummer 15 und der Nummer 19 zu klein.

Pauls Familie ist gerade im neuen Haus eingezogen, die Umzugskisten sind noch gar nicht alle ausgepackt, und Carolins Familie feiert das Richtfest, da entdecken Anne und Gabi, dass da mehr zwischen ihnen ist als gute Freundschaft. Sie gestehen einander, dass sie sich ineinander verliebt haben. „Ich glaube, dass das beim Hausbau gewesen ist, dass sie sich näher kennen gelernt haben", vermutet Paul und lacht.

Es war für Gabi und Anne keine einfache Entscheidung und doch war für beide ganz klar, dass sie zusammen leben wollen. Und so kommt es, dass Carolin, Paul, Franz-Ferdinand und Karl seit fünf Jahren mit ihren Müttern hier in dem Haus am Stadtrand von Dresden wohnen.

Wir sitzen in Pauls Zimmer ganz oben unter dem Dach. Carolin ist mit ihren 14 Jahren fast zu groß, um aufrecht auf dem blauen Sofa unter der Dachschräge zu sitzen, ohne sich den Kopf zu stoßen. Paul ist ein Jahr jünger und einen Kopf kleiner als Carolin, für ihn ist das kein Problem und außerdem kennt er „sein Revier."

„Ich bin froh, dass es keine fremde Frau war und keine fremden Kinder", sagt Carolin. Paul stimmt ihr zu. Das stellen sich beide nämlich ziemlich schwierig vor. Aber so kannten sich ja alle schon und sie gewöhnten sich daran, dass sich die Familie neu zusammengesetzt und ja, eben auch erweitert hat. Denn jetzt sind ja noch die neuen Familien der Väter dazugekommen und noch mal neue Großeltern. „Aber die kannten wir ja auch schon vorher", meint Carolin, „eigentlich sind sie nicht neu." Carolin sieht ihren Vater alle zwei Wochen und verbringt dann das Wochenende bei ihm und seiner Freundin und deren Sohn. Carolin fühlt sich wohl dort und fährt auch gerne mit den dreien in Urlaub. Paul beneidet Carolin glühend um diese Selbstverständlichkeit. Sein Vater lebt seit einiger Zeit in Moskau, das heißt, dass er ihn selten sieht, höchstens einmal im Monat und dazu kommt, dass er ihn mit dessen Freundin teilen muss. Und dummerweise kann Paul sie „auf den Tod nicht leiden", wie er eingesteht. „Wir waren einmal zusammen im Urlaub in Lettland und das war so schrecklich, und am Ende hat sie dann zu mir gesagt, dass sie nie wieder mit mir verreisen will." Das entspricht ganz und gar auch Pauls Bedürfnis. Am liebsten wäre es Paul, er hätte seinen Vater, wenn er ihn schon so selten sieht, an diesen Tagen wenigstens ganz für sich alleine. „Aber meistens ist das anders", sagt Paul und verzieht das Gesicht, „leider." Dass der Vater in erreichbarer Nähe wäre, wünscht sich Paul vor allem dann, wenn er mit Gabi Zoff hat. „Aber", sagt Paul „das liegt natürlich auch daran, dass wir uns einfach besser kennen, dann hat man auch mehr Grund, sich zu streiten." Carolin findet es immer mal wieder ganz schön schwierig, mit drei Jungs zusammen zu leben. „Manchmal gelingt es mir, meine Mama auf meine Seite zu ziehen, aber meistens sind die erwachsenen Frauen ja eher die Schlichterinnen."

Dass ihre Mütter ein Paar sind, finden Paul und Carolin „ganz okay." Nur zeigen sollten sie es – wenn es nach ihnen ginge – nicht ganz so offen. „Also auf meiner Jugendweihe, da hat meine Mama mit der Gabi getanzt und das fand ich schon nicht so toll", berichtet Carolin. Gefragt oder kommentiert hat aber niemand von ihren Freundinnen oder Freunden etwas. „Nur die kleine Schwester von meiner Freundin, die hat gefragt: ‚Warum tanzt denn die Mutter von der Carolin mit der anderen Frau?' Aber die war ja erst fünf, die hätte sowieso nicht verstanden, was das ist, lesbisch." Paul findet es absolut peinlich, wenn Gabi und Anne mitten in der Einkaufszone Hand in Hand gehen „und wenn sie dann die Arme noch so hoch schlenkern, dass alle gucken und sich noch mal umdrehen, obwohl sie das sonst nicht gemacht hätten."

Beide haben für solche Situationen allerdings ihre Lösungen gefunden. „Manchmal gehen Caro und ich dann einfach ein Stückchen hinter ihnen." So als gehörten sie nicht dazu. „Oder", ergänzt Carolin, „wenn ich Besuch von meinen Freunden kriege, dann sage ich den beiden schon mal: ‚Also, wenn ihr euch dann vielleicht nicht auf den Mund küssen würdet, dann fänd ich das schon nett.' Ja, und das respektieren sie dann auch." Dass ihre Mütter lesbisch sind, das ist, so vermuten beide, wahrscheinlich allen ihren Freundinnen und Freunden klar. „Denn an dem Schlafzimmer von Gabi und Anne da steht ‚Frauenzimmer' dran und wenn die Tür offen steht, dann sieht man das Ehebett, und da kann man sich das ja schon denken.'"

Dennoch: Offen darüber sprechen wollen Carolin und Paul lieber nicht. Das würden sie nur tun, wenn sie ganz sicher wären, dass niemand etwas Blödes dazu sagt und wenn niemand lachen würde. Deshalb haben beide auch ein Testverfahren entwickelt, mit dem sie den Homophobie- bzw. Toleranzpegel ihrer Klasse und Clique checken. Wer sich mit Witzen über Schwulsein hervortut, zum Beispiel, ist auf jeden Fall jemand, der abwertende Äußerungen darüber machen würde, da sind sich Carolin und Paul sicher. Obwohl Pauls früherer Freund, der weiß, dass Pauls Mutter mit einer Frau zusammenlebt, „mich jetzt nie vor anderen bloßstellt, aber selber ist er jetzt so drauf, dass er ganz abfällig über Schwule spricht." Dann gibt es die, die sich gegenseitig mit „schwule Sau" oder „schwuler Hengst" beschimpfen, die sind sich oft gar nicht bewusst, was sie da sagen, glauben Paul und Carolin. „Die sagen das, glaube ich, oft ohne, dass sie wirklich Schwule damit meinen. Die sagen das einfach, weil andere das auch sagen. Obwohl das ja schon komisch ist als Schimpfwort", überlegt Carolin „man sagt ja auch nicht ‚du Heteropferd!'."

Ja, und dann gibt es die Jungs und Mädels in Pauls Klasse, die absolut empört auf Bushs Position reagieren, homosexuellen Paaren ein Recht auf Ehe zu verweigern. Bei denen könnte man davon ausgehen, dass sie das okay finden, wenn man es ihnen sagen würde. Wie auch bei Carolins bestem Freund, „weil der das auch so sagt: ‚Na Schwulsein, das ist doch normal.'" Trotzdem kommen Carolin und Paul zu dem Schluss, dass es zwar in der Grundschule okay war, offen über das Lesbischsein ihrer Mütter zu sprechen, aber um sich blöde Bemerkungen zu ersparen, wäre es doch sicherer, jetzt im Gymnasium damit noch zu warten.

„Aber irgendwann sag ich das denen schon", meint Paul. „Na ja, oder, wenn sie mich eben direkt fragen würden und ich wär allein mit denen und ich wüsste, morgen weiß es nicht die ganze Schule", ergänzt Carolin. Die Lehrer jedenfalls, finden Carolin und Paul, können an der Tatsache, dass Homosexualität für manche noch immer etwas Abnormales ist, auch nichts ändern. „Der Biolehrer sagt ja schon, das ist normal, und der in Ethik auch, aber auf die Lehrer hören wir doch sowieso nicht mehr." Paul und Carolin grinsen.

Später mal will Paul Computertechnik studieren, und wenn er eine tolle Software entwickeln könnte, die ein Verkaufsschlager würde, da hätte er nichts dagegen. Und Musik ist ihm wichtig, er spielt Geige. „Seitdem ich eine neue Geigenlehrerin habe, die ist jung und immer so lustig, da macht mir das richtig großen Spaß."

Carolin ist sich sicher, dass sie nach dem Abitur ins Ausland gehen wird, nach London oder in die USA. Auf jeden Fall will sie weg aus Dresden. „Nicht, weil ich weg von meiner Mutter will, das war einfach schon immer so, dass ich ins Ausland gehen wollte." Sie stellt sich vor, entweder ein Jahr als Aupair-Mädchen zu arbeiten oder zu studieren – „irgendwas, was mit Tanz zu tun hat." Carolin tanzt schon lange und interessiert sich für viele unterschiedliche Richtungen, ihre Favoriten sind Jazzdance, Hiphop, Folklore und natürlich klassischen Standardtanz. Dieses Können wird sie am nächsten Tag präsentieren, denn da findet abends ihr Tanzstundenabschlussball statt. Sie zeigt mir ihr bordeauxrotes langes Ballkleid mit raffinierter Taillen-Corsage. Damit wird sie also mit Georg, ihrem Tanzpartner, über das Parkett gleiten und vielleicht gewinnen die beiden ja den ersten Preis. Falls Georg sich überhaupt dazu überreden lässt, dass sie als Tanzpaar für den Wettbewerb nominiert werden. „Der will das nämlich nicht so gern, dem ist das peinlich, weil man dann so im Mittelpunkt steht." Carolin zuckt mit den Schultern. Dann lächelt sie. „Mal sehn, ob ich ihn dazu kriege, mitzumachen. Einen Tag Zeit habe ich ja noch."

Foto: privat, 2005

„Wenn mich jemand fragt, ob meine Mutter
verheiratet ist, dann sage ich:
‚Nö, die sucht nach einer Frau.'"

Katrin (19)

„Das Herrenhaus kannst du gar nicht verfehlen", sagte Katrin am Telefon, als sie mir den Weg erklärte. Und tatsächlich, an dem herrschaftlichen Haus, das die Vorderseite eines wunderschönen Hofes am Stadtrand von Moers begrenzt, kann man gar nicht vorbeifahren.

Ganz oben wohnen Katrin und ihre Mutter zur Miete, sehr günstig, wie mir Katrin stolz erzählt. Das schönste Zimmer in der hellen Dachwohnung mit den vielen Balken und Schrägen gehört der 19-Jährigen. An einer Wand hängt ein Plakat, auf dem Katrin zweimal abgebildet ist: einmal mit drei Jahren und einmal heute. Neben dem Kindergartenfoto steht „Ich bin Gemüsehasserin" und „Ich will Schauspielerin werden". Katrin lacht. „Das eine hat sich sehr verändert, ich esse heute sehr gerne Gemüse. Das andere stimmt immer noch." Katrin, die mit zweitem Namen Alida heißt – „so heißt meine Oma" – spielt leidenschaftlich gerne Theater. „Ich bin im Kinder- und Jugendtheater, und da müssen wir nicht nur proben, sondern auch renovieren, Spielplan erarbeiten und alles, was dazugehört."

Katrins Eltern trennten sich, als sie ein Jahr alt war. An ein Zusammenleben mit Mutter und Vater erinnert sie sich nicht. „Ich hab das eigentlich auch nie vermisst." Bis sie elf war, lebte sie abwechselnd bei beiden Eltern. „Das heißt, montags Papa, dienstags Mama, mittwochs Papa, donnerstags Mama, und Freitag, Samstag und Sonntag immer abwechselnd. Hört sich kompliziert an, aber für mich war das ganz normal." Irgendwann war es Katrin aber doch zuviel Hin und Her. Fortan lebt sie fest bei der Mutter und besucht ihren Vater regelmäßig.

Die Eltern sind sehr unterschiedlich. „Meine Mutter und mein Vater zusammen – das gäbe eine ziemliche Katastrophe. Sie haben mich sehr unterschiedlich erzogen. Meine Mutter hat gesagt: ‚Wenn dich jemand haut, geh weg', und mein Papa sagte: ‚Schlag zurück'. In der Pubertät habe ich das auch manchmal ein bisschen ausgespielt. Wenn z.B. meine Mama meinte: ‚Nein, du schläfst nicht bei deinem Freund' und Papa ‚ja' gesagt hat, dann habe ich schon mal bei Papa geschlafen, um bei meinem Freund zu sein."

Wenn Katrin über ihre Familie spricht, dann gehören ihre Mutter Gaby, der sechs Jahre ältere Bruder, dessen Freundin, Katrins Vater, die beiden Stiefgeschwister und die Frau ihres Vaters, die Großeltern und Tante und Onkel dazu. Und ihr Freund auch, samt Mutter. „Wenn man noch Freunde dazu zählen kann, dann würde ich auch noch ein paar Freunde aufzählen, die zur Familie gehören." Katrin macht eine kurze Pause und fügt hinzu: „Ich wünschte, die Chris, die Ex-Freundin meiner Mutter, wäre auch noch dabei, gedanklich ist sie es jedenfalls." Sie seufzt.

Chris und Gaby waren zwei Jahre zusammen, und Katrin hat diese Zeit als sehr schön in Erinnerung. „Ich war elf und eines Tages stellt mir meine Mutter eine Frau vor, die dann auch viel mit mir unternommen hat. Ich mochte sie von Anfang an und nach einiger Zeit saßen wir mal im Wohnzimmer und meine Mutter hat zu mir und meinem Bruder gesagt: ‚Die Chris, das ist nicht eine Freundin, in die habe ich mich verliebt und wir sind jetzt zusammen'." Katrins Bruder reagiert spontan. „Er hat was ganz Lustiges gesagt, im Nachhinein, nämlich: ‚Ich sag aber nicht Papa zu der'." Katrin kann es nicht so locker nehmen. Sie findet es zwar irgendwie in Ordnung, wenn jemand lesbisch ist, aber bitte nicht die eigene Mutter. „Ich war ziemlich sauer und hatte Angst, ausgegrenzt zu werden. Was sagen meine Freunde? Mit elf ist man ja auch noch jung." Geholfen hat es Katrin, dass ihr Vater ganz locker reagiert hat und sie selbst miterlebt hat, „dass es Liebe ist, und eben etwas ganz Natürliches und nichts Schlimmes. Nach ein paar Wochen war es für mich eigentlich schon normal."

Katrin ist vierzehn, als sie in der achten Klasse aufs Gymnasium wechselt. Sie ist jetzt neu in der Klasse und im Religionsunterricht ist das Thema Homosexualität dran. Die Lehrerin fragt, ob nicht jemand eine Lesbe oder einen Schwulen kennt. Da meldet sich Katrin spontan und bietet an, ihre Mutter in die Klasse einzuladen. „Meine Mutter fand es toll, dass ich das angeregt habe. Und als sie dann da war, haben alle sehr höfliche Fragen gestellt wie zum Beispiel: ‚Wie haben Ihre Eltern darauf reagiert oder Ihre Tochter?' oder ‚Haben Sie mal vor zu heiraten?' und waren ganz respektvoll zu ihr, selbst die Klassenclowns."

Katrin ist stolz auf ihre Mutter und macht nie einen Hehl daraus, dass Gaby lesbisch ist. Mit ihrer offensiven Strategie nimmt sie ihrem Gegenüber den Wind aus den Segeln. „Je natürlicher ich damit umgehe, desto natürlicher gehen auch andere damit um. Ich habe nicht einen einzigen blöden Kommentar von jemandem gehört. Und wenn mich jemand fragt, ob meine Mutter verheiratet ist, dann sage ich: ‚Nö, die sucht nach einer Frau.'" Spannend findet Katrin, wie andere auf ihr Coming-out reagieren. Sie versucht dann, die Reaktionen an den Gesichtern abzulesen. „Es ist nicht das Lesbischsein meiner Mutter, auf das sie reagieren, sondern dass ich so offen damit umgehe. Darüber wundern sich die Menschen in meinem Alter mehr." Und dann fügt sie noch beherzt hinzu: „Wenn Leute das negativ aufnehmen, dann sind es die falschen, mit denen ich mich umgebe. Was soll ich mit einem Menschen, der meine Mutter, die ich liebe, ablehnt?"

Als sich die beiden Frauen trennen, ist dies für Katrin ein großer Einschnitt. „Es war sehr schwierig für mich, weil ich einerseits gesehen habe, dass es meiner Mutter gar nicht gut ging, und ich andererseits Angst hatte, Chris zu verlieren. Die beiden waren ungefähr zwei Jahre zusammen. Ich habe es aber viel länger in Erinnerung, mir kommt es wie eine Ewigkeit vor." Katrin hätte gerne weiterhin eine enge Beziehung zu Chris, die mittlerweile so etwas wie eine zweite Mutter für sie geworden war und die sie auch ab und zu „Mama zwei" nannte. Aber das ist nicht möglich – für Katrin eine schmerzhafte Erfahrung. „Ich hatte dann noch weiter Kontakt zu ihr, aber nach und nach wurde es immer weniger." Katrin ist immer noch enttäuscht. „Ich habe sie vermisst und wollte einfach was mit ihr zu tun haben. Aber sie ging davon aus, dass ich anrufe, weil meine Mutter das sagt oder sie ausspionieren will oder was weiß ich. Irgendwann habe ich dann nicht mehr angerufen." Katrin ist noch immer verletzt. Vor einem Jahr trafen sich Katrin und Chris zufällig. Katrin freut sich und umarmt Chris stürmisch, aber diese ist kühl und abweisend. Seither gab es keinen Kontakt mehr.

Nach der Trennung von Chris hatte Katrins Mutter noch eine kurze Beziehung zu einer anderen Frau. „Aber es hat leider nicht geklappt. Ich glaub, die Liebe war nicht groß genug. Ich würde mir wünschen, dass meine Mutter endlich wieder eine tolle Frau findet."

Katrin selbst ist seit zwei Jahren mit ihrem Freund zusammen. Der gelernte Koch hat zwar eine eigene Wohnung, aber meistens schläft er bei Katrin. „Ich finde es klasse, dass ich regelmäßig bekocht werde", erzählt Katrin schmunzelnd.

Mit 17 hatte Katrin eine kurze Affäre mit einem anderen Mädchen. Ihre Mutter fand das ziemlich toll. „Sie war hoch erfreut, offiziell, weil ich ja dann nicht schwanger werden konnte." Katrin sieht diese Freude mit gemischten Gefühlen, denn es scheint offensichtlich, dass sich ihre Mutter sehr über eine lesbische Tochter freuen würde. „Ich werde es nicht verhindern können, dass sie es besonders nett fände, wenn ich irgendwann eine Freundin haben sollte." Aber das steht momentan nicht zur Debatte.

Katrin geht jetzt in die 12. Klasse und das „super gerne." Sie findet, dass sie als Schülerin ein Luxusleben führt: Kein Schulgeld bezahlen, nur fünf bis acht Schulstunden pro Tag, kein Vergleich zur Arbeitswelt. „Mir macht Lernen einfach Spaß, und ich bin ehrgeizig." In den Sommerferien möchte Katrin ein Praktikum bei der Zeitschrift *EMMA* machen. Warum gerade dort? „Weil ich es wichtig finde, mich für die Rechte von Frauen einzusetzen. Frauen und Männer sind immer noch nicht gleichberechtigt." Katrin könnte sich auch ein Praktikum bei *amnesty international* vorstellen, oder bei *arte*, weil dieser Fernsehsender „was über benachteiligte Menschen bringt, die in unserer reichen Luxusgesellschaft zu kurz kommen. Sozialkritische Themen eben."

Das Theater liegt bei Katrin aber auch gut im Rennen – es ist also noch alles offen, was die Karriere angeht. „Nach dem Abitur möchte ich auf jeden Fall ein Jahr ins Ausland gehen, am liebsten nach Paris, um mich selbst besser zu finden. Und dann nach Berlin zum Studieren." Katrins größte Angst? „Bloß nicht bürgerlich werden, verheiratet, drei Kinder, womöglich nicht arbeiten. Kinder möchte ich nicht unbedingt, wenn, dann erst später."

Katrin findet die deutsche Gesellschaft sehr kalt und oberflächlich. „Es gibt acht Millionen BILD-Leser. Das sagt schon viel. Mein Wunsch für die Gesellschaft? Das Schönste wäre, wenn jeder Mensch so akzeptiert wird, wie er ist." Katrin hat sich schon früh mit dem Thema „Anderssein" auseinandergesetzt. „Ich glaube, dass ich mehr Erfahrung mit ‚Anderssein' habe als der Durchschnitt, nicht nur, weil meine Mutter lesbisch ist, sondern auch weil mein Onkel geistig behindert ist. Das ist ja noch mal so eine Minderheit, mit der viele Menschen Schwierigkeiten haben. Ich find's selber gut, dass ich zum Beispiel gegen Rassismus was tue, wo die meisten Menschen sagen: ‚Ist mir egal.'"

Katrin kann gut auf andere zugehen. Für den Kontakt mit anderen Menschen hat sie viel von ihrer Mutter gelernt. Gaby ist Kommunikationstrainerin und kann sich und ihre eigenen Interessen, laut Katrin, gut selbst vertreten. „Wie meine Mutter mit Menschen umgeht und welche Werte sie da hat, Nächstenliebe, Toleranz, das versuche ich auch weitestgehend zu leben."

Katrin fühlt sich wohl im Zusammenleben mit ihrer Mutter. „Ich kann mit meiner Mutter über alles reden, und ich erzähle ihr auch alles. Wenn sie jetzt ein paar Tage zum Arbeiten weg ist, fehlt mir das auf jeden Fall. Sie hat auch nie Druck gemacht wegen der Schule. Und was natürlich auch toll ist, dass mein Freund quasi zur Familie gehören kann, wo sie doch eigentlich nicht mit einem Mann zusammenleben will, tut sie es trotzdem so halb." Katrin selbst ist froh, dass in der Wohnung außer ihrem Freund keine anderen Männer sind. „Ich habe lieber Frauen rumhüpfen sehen als fremde Männer. Auf die wäre ich eifersüchtiger als auf Frauen."

Streit gibt es wegen der üblichen Kleinigkeiten: Katrin vergisst, den Müll herunterzutragen, sie lässt das Licht an und räumt ihre Sachen nicht auf. „Ich möchte nicht so pingelig … äh, ordentlich werden wie meine Mutter", sagt Katrin, und dann fällt ihr noch etwas ein: „Meine Mutter pauschalisiert gerne in Sachen Politik, was ich nicht so gerne tue, weil ich doch sehr politikinteressiert bin. Deshalb bin ich vorsichtig, mir eine Meinung zu bilden."

Eine klare Meinung hat Katrin beim Thema „Vorurteile". „Ich finde dieses Buch hier so wichtig, damit andere lesen können, dass es

Quatsch ist, wenn Homosexuelle keine Kinder adoptieren dürfen. Die Menschen haben eine ganz andere Vorstellung davon, als es eigentlich ist." Wenn Katrin hört, dass jemand CDU wählt, dann teilt sie dieser Person zuweilen auch direkt mit, was sie denkt: „Dann werde ich immer sauer, weil die gegen die Homo-Ehe waren, und dann sage ich: ‚Das war auch gegen meine Mutter, weil die bestimmt auch mal heiraten möchte.' Für die Menschen, die nicht betroffen sind, ist das Thema halt nicht so wichtig. Leider."

Im Alltag ist die Lebensform ihrer Mutter kein Thema mehr für Katrin. Eine Bedeutung hat es dennoch: „Ich habe so ein paar homosexuelle Freunde, und die sind immer ganz neidisch, für die ist das ein Traum, eine lesbische Mutter zu haben, weil die so einen Stress mit dem Coming-out vor den Eltern haben. Ich kann mir das gar nicht so vorstellen, weil das hier alles so normal für mich ist." Trotz aller Normalität und Selbstverständlichkeit würde Katrin gerne andere Jugendliche mit lesbischen oder schwulen Eltern kennen. „Ich bin ja nur ein Beispiel und ich kenne niemanden, der homosexuelle Eltern hat. Deshalb fände ich es interessant zu wissen, wie andere reagiert haben und wie sie damit klar gekommen sind."

Katrins Lebensmotto? *„Love it, leave it or change it.* Ich kann es überhaupt nicht leiden, wenn Menschen sich ständig beschweren, aber nichts selber daran ändern."

Das ist bei Katrin nicht zu befürchten; sie nimmt ihr Leben in die Hand. Molekularbiologin wäre auch noch eine Alternative, fällt ihr am Schluss ein, obwohl – „ich glaube, ich will doch Schauspielerin werden und nebenher ein bisschen forschen, Artikel für eine politische Zeitschrift schreiben und ehrenamtlich für *amnesty international* arbeiten." Klingt spannend.

Der wissenschaftliche Diskurs zum Thema schwul-lesbische Elternschaft – ein Überblick

Seit den frühen achtziger Jahren liegen knapp 100 wissenschaftliche Untersuchungen vor – fast alle aus dem anglo-amerikanischen Raum. Diese beschäftigen sich zum einen damit, inwieweit die sexuelle Orientierung der Eltern eine Auswirkung auf deren Erziehungsfähigkeit hat, und zum anderen, ob Kinder, die mit lesbischen Müttern oder schwulen Vätern aufwachsen, sich in ihrer Entwicklung von Kindern unterscheiden, die von heterosexuellen Eltern erzogen werden.

Fast alle der bisher durchgeführten Studien beziehen sich – vermutlich die gesellschaftliche Realität abbildend – auf lesbische Mütter und ihre Kinder – nur wenige Arbeiten untersuchen schwule Väter. Die vorgelegten Forschungen waren und sind ein wichtiger Teil der Auseinandersetzung um die Emanzipation von Schwulen und Lesben, insbesondere der Diskussion um das Zugeständnis von Elternrechten an lesbische Frauen und schwule Männer. Tatsächlich haben sie dazu beigetragen, die rechtliche Situation für gleichgeschlechtliche Paare mit Kindern zu verbessern (Stacey & Biblarz) und dem defizitären Blick auf Regenbogenfamilien andere Perspektiven entgegen zu setzen. Gleichzeitig gab und gibt es Anstrengungen von konservativer Seite (z.B. Cameron & Cameron; Wardle; zitiert nach Stacey & Biblarz), die vorliegenden wissenschaftlichen Arbeiten als methodisch angreifbar bzw. als parteiische Auftragsforschungen zu diskreditieren. Darüber hinaus versuchen sie, mit wissenschaftlich und moralisch problematischen Mitteln nachzuweisen, dass ausschließlich ein heterosexueller Lebenszusammenhang eine unbeschadete kindliche Entwicklung garantiere. (s. Kritik der American Psychological Association und der American Sociological Association an Paul Cameron, dem vorsätzliche Missinterpretation von Forschungsergebnissen vorgeworfen und der daraufhin aus der APA ausgeschlossen wurde.)

Unübersehbar ist, dass das Sujet lesbisch-schwule Elternschaft ein ideologisch umkämpftes Gebiet ist, denn „immerhin stehen hier tiefsitzende Überzeugungen und kulturelle Gewissheiten zur Diskussion und damit zur Disposition" (Bernd Eggen).

In den letzten Jahren sind weitere für die Diskussion anregende Untersuchungen vorgelegt bzw. begonnen worden.

So wird zur Zeit in den USA die *National Lesbian Family Study* durchgeführt, die auf einen Zeitraum von 25 Jahren angelegt ist. Unter der Leitung von Nanette Gartrell der University of California/San Francisco werden in festgelegten Abständen 84 lesbische Familien, deren Kinder mit Spendersamen gezeugt wurden, untersucht.

Von Judith Stacey und Timothy Biblarz, SoziologInnen der University of Southern California, erschien 2001 unter dem Titel „(How) Does Sexual Orientation of Parents Matter?" eine kritisch konstruktive Auseinandersetzung mit 21 Studien zum Thema schwul-lesbische Elternschaft. Die AutorInnen analysieren diese Studien neu, hinterfragen die Forschungsperspektive auf ihre potentielle Brisanz und ordnen die Ergebnisse in einen gesellschaftspolitischen Kontext ein.

Im Folgenden wollen wir zunächst einen Überblick über Ergebnisse der wichtigsten Studien geben und im Anschluss daran, zur Bewertung und Einordnung, einige, im Sinne unseres Anliegens, anregende und vielversprechende Aspekte der Analyse von Stacey & Biblarz skizzieren.

Die wesentlichen Ergebnisse einer von Walter Berger, Günter Reisbeck und Petra Schwer durchgeführten Analyse von 88 Studien zum Thema schwul-lesbische Elternschaft lassen sich wie folgt zusammenfassen:

Erziehungsfähigkeit schwuler und lesbischer Eltern
Lesbische Mütter und schwule Väter unterscheiden sich in ihrer Erziehungsfähigkeit nicht von heterosexuellen Müttern oder Vätern. Patterson (1996), Falk (1994) und Gonsiorek (1991) kamen zu dem Ergebnis, dass sich lesbische Mütter in ihrer psychischen Gesundheit nicht von heterosexuellen Müttern unterscheiden. Laut Pagelow (1980) wirkt sich eine befriedigende Partnersituation schwuler und lesbischer Eltern positiv auf die Beziehung zu den Kindern aus. Kirk-

patrick (1987) verglich allein erziehende lesbische Mütter mit lesbischen Müttern, die mit einer Partnerin zusammenwohnten, und fand heraus, dass das Familienleben als reicher, offener und stabiler erfahren wird, wenn lesbische Mütter in einer Paarbeziehung leben.

Bigner und Jacobsen (1989) untersuchten das Erziehungsverhalten schwuler und nichtschwuler Väter und ihre Einstellung zur Elternrolle. Sie kamen zu dem Ergebnis, dass sich in der gleichgeschlechtlichen Lebensweise der schwulen Väter kein Faktor finden lässt, der sich signifikant auf deren Erziehungsfähigkeit oder Selbstverständnis als Vater auswirkt.

Umgang der Kinder mit dem Coming-out
ihrer lesbischen und schwulen Eltern
Harris und Turner (1985/1986) resümieren, dass der Bewältigungsprozess der Kinder lesbischer Mütter nach einem mehrstufigen Modell verläuft, der von Verleugnung über Wut, Depression bis hin zur Akzeptanz führt.

Patterson (1996) fand heraus, dass eine Verarbeitung des mütterlichen Coming-outs im Kleinkindalter und im jungen Erwachsenenalter einfacher gelingt als während der Pubertät. Hargaden und Llewellin (1996) beschrieben, dass die Eltern diesen Prozess erleichtern können, wenn sie ihren Kindern Aufmerksamkeit und Unterstützung geben. Eine unterstützende Umgebung gilt darüber hinaus als förderlich für die Bewältigung.

Kontakt der Kinder zu beiden leiblichen Eltern /
Identifikationsmodelle des anderen Geschlechts
Kinder homosexueller Eltern, die aus einer heterosexuellen Verbindung stammen, haben in der Regel gute Kontakte zu beiden leiblichen Eltern. Golombok et al. (1983), die lesbische Mütter mit heterosexuellen Müttern verglichen, stellten fest, dass lesbische Mütter mehr als die Vergleichsgruppe den Kontakt des Kindes zum leiblichen Vater fördern. Allen (1997) wies darauf hin, dass insbesondere lesbische Mütter sich bemühen, ihren Kindern Identifikationsmodelle beiderlei Geschlechts anzubieten.

Psychosexuelle Entwicklung von Kindern homosexueller Eltern
Untersuchungen von Green et al. (1986), Kirkpatrick (1987), Gottman (1990) und Patterson (1995) ergaben, dass Kinder heterosexueller und lesbischer Mütter keine signifikanten Unterschiede in Be-

zug auf ihre sexuelle Orientierung aufweisen. Golombok und Tasker (1996) konstatierten eine größere Offenheit bezüglich einer Anziehung zum gleichen Geschlecht bei Kindern lesbischer Mütter im Gegensatz zur Vergleichsgruppe, jedoch keine häufigere homosexuelle Orientierung. In Bezug auf die Ausbildung der Geschlechtsidentitäten und des Geschlechtsrollenverhaltens fand u.a. Green (1986) keine Unterschiede zwischen beiden Gruppen. Patterson (1992) konstatiert generell keine Auffälligkeiten in der Persönlichkeitsentwicklung von Kindern lesbischer Mütter im Vergleich zu heterosexuellen Müttern.

Beziehungen zur sozialen Umwelt
In der sozialen Anpassung der Kinder lesbischer Mütter und schwuler Väter konnten keine Unterschiede zwischen heterosexuellen und homosexuellen Elternkonstellationen gefunden werden. Green et al. (1986), Golombok et al. (1983) wie auch Patterson (1992) fanden unproblematische Beziehungen zu Gleichaltrigen bei Kindern lesbischer Mütter. Die Mutmaßung, Kinder homosexueller Eltern könnten aufgrund ihrer spezifischen familiären Situation von ihrer Umwelt direkte Ablehnung oder Ausgrenzung erfahren, konnte nicht bestätigt werden. Allerdings spüren die Kinder, dass gesellschaftliche Vorurteile gegenüber Homosexualität existieren. Dies kann dazu führen, dass sie insbesondere in der Pubertät, wenn sie durch ihren eigenen Veränderungsprozess in Anspruch genommen sind, den Wunsch gegenüber den Eltern äußern, nicht öffentlich mit ihrer Lebensweise umzugehen.

In der Schule herrschen vielfach Vorurteile vor; die LehrerInnen haben häufig Berührungsängste gegenüber lesbisch-schwulen Themen (Casper und Schultz, 1996). Bei Verhaltensauffälligkeiten wird oft vorschnell die gleichgeschlechtliche Lebensweise der Eltern als Ursache angesehen, anstatt die Auswirkungen der gesellschaftlichen Abwertung der homosexuellen Lebensweise zu bedenken.

Patterson (1996) beschreibt, dass Kinder lesbischer Mütter mehr als Kinder heterosexueller Mütter ein Beziehungsmodell kennen lernen, das partnerschaftlich orientiert ist, da Aufgaben in Haushalt und Kindererziehung öfters gleichberechtigt zwischen Mutter und Co-Mutter aufgeteilt werden, als dies in heterosexuellen Beziehungen beobachtet werden konnte.

Berger et al. gelangen zu dem Fazit, dass für die kindliche Entwicklung weniger die Lebensform der Eltern als vielmehr die Qualität ihrer Partnerschaft entscheidend ist. Stabilität, Selbstwertgefühl und Zufriedenheit lesbischer Mütter mit ihrer Lebensform sind für ein erfolgreiches Aufwachsen von Kindern überaus wichtig. Die Entwicklung der in gleichgeschlechtlichen Partnerschaften aufwachsenden Kinder verläuft umso besser, je mehr die PartnerInnen ihre Homosexualität akzeptieren, je offener sie sie leben können und je mehr ihre Lebensform von anderen Bezugspersonen der Kinder akzeptiert wird.

In ihrem provokanten wie produktiven Artikel „(How) Does Sexual Orientation of Parents Matter?" werfen Judith Stacey und Timothy Biblarz die spannende Frage auf, welche Bedeutung es hat, wenn ForscherInnen auffällig übereinstimmend zu dem Ergebnis kommen, es gäbe keine signifikanten Unterschiede in der Entwicklung von Kindern homosexueller und heterosexueller Eltern. Ihre Re-Analyse ergibt, dass in einigen der Untersuchungen sehr wohl Unterschiede gefunden und auch benannt worden sind, diese jedoch als nicht signifikant eingeschätzt und scheinbar nicht als relevant genug bewertet wurden, um diesen weiter nachzugehen.

Judith Stacey und Timothy Biblarz bescheinigen vielen der Studien eine defensive, der herrschenden Heteronormativität geschuldeten Forschungshaltung. Denn Maßstab ist dabei die heterosexuelle Elternschaft. Untersucht wird nicht mit einer offenen Fragestellung, wie sich Kinder in homosexuellen Familien entwickeln, was sie möglicherweise anders erleben, sondern der Blick wird eingeengt durch die Frage, ob sich Kinder in schwul-lesbischen Familien genauso entwickeln wie in einem heterosexuellen familiären Umfeld. Damit, so betonen Stacey und Biblarz, wird die Chance vertan, offen zu sein für tatsächliche Unterschiede.

Beispielsweise legen einige der in den Studien benannten Unterschiede die Vermutung nahe, dass die rechtliche Ungleichheit, mit der homosexuelle Eltern konfrontiert sind, sich auch auf die Kinder auswirkt. Wenn gleichgeschlechtliche Lebensformen immer noch Benachteiligung gegenüber heterosexuellen Lebensformen erfahren, wäre es Stacey und Biblarz zufolge höchst unwahrscheinlich, dass sich dieser Unterschied nicht ebenfalls als Unterschied auf die Kinder auswirkt.

Auch finden sich Anzeichen dafür, dass die Erfahrung, in einer Familie aufzuwachsen, die anders ist als die meisten ihres Umfeldes, die Kinder sensibler für Unterschiede macht, wie auch von Allen (1997) vermutet wird.

Eine vorschnelle Koppelung der Frage der Erziehungsfähigkeit an die sexuelle Orientierung, anstatt sie unter dem Genderaspekt zu untersuchen, kann, so Stacey und Biblarz, durch entsprechende Befunde in Frage gestellt werden. Möglicherweise hat die soziale Geschlechterrollenerwartung an Frauen, ob hetero- oder homosexuell, einen weitaus größeren Einfluss auf das Erziehungsverhalten von Männern und Frauen als die sexuelle Orientierung.

Stacey und Biblarz resümieren, dass eine Orientierung an der heterosexuellen Norm bei der Erforschung schwul-lesbischer Familienformen sich selbst der Möglichkeit beraubt, die Diskussion über aktuelle und zukünftige Familienmodelle um produktive und anregende Erkenntnisse zu bereichern. Angesichts der gesellschaftspolitischen Bedingungen einerseits und des (selbst)kritischen Gebots einer Forschungsoffenheit andererseits betonen beide, dass es nützlich wäre, Unterschiede zunächst einmal nur als Unterschiede festzustellen, ohne sie zu bewerten – ein schwieriges Unterfangen und ein Risiko, wie die ForscherInnen zugeben. Denn die Feststellung von Unterschieden bietet nicht zuletzt auch eine Angriffsfläche für konservative und homophobe Stimmen.

Trotzdem sind und waren die Überlegungen von Judith Stacey und Timothy Biblarz für uns Provokation und Anregung, bei der Entwicklung unserer Vorgehensweise, unseren Fragestellungen und der Reflektion unserer Grundannahmen wach und offen zu sein für das Andere und das Unerwartete.

Literatur

Allen, Katherine R. (1997): Lesbian and Gay Families. In: Andrell, T.: Contemporary Parenting, pp. 196-218

Berger, Walter, Reisbeck, Günter & Schwer, Petra (2000): Lesben – Schwule – Kinder. Eine Analyse zum Forschungsstand. Schwullesbische Forschungsgruppe am Institut für Psychologie der Ludwig-Maximilians-Universität München. Im Auftrag des Ministeriums für Frauen, Jugend, Familie und Gesundheit des Landes Nordrhein-Westfalen. (Kostenlos zu beziehen über e-mail: info@mail.mfjfg.nrw.de)

Bigner, Jerry J. & Jacobsen, R. Brooke (1989): Parenting Behaviors of Homosexual and Heterosexual Fathers. In: Bozett, Frederick W. (Ed.): Homosexuality and the Family, pp. 173-186

Casper, Virginia & Schultz, Steven (1996): Lesbian and Gay Parents Encounter. In: Savin-Williams, R. & Cohen, K. (Eds.): The Lives of Lesbians, Gays, and Bisexuals, pp. 305-331

Eggen, Bernd (2002): Papa und Mama sind zwei Männer. In: Frankfurter Rundschau, 6.3.2002

Falk, Patricia J. (1994): Lesbian Mothers: Psychological Assumptions and Empirical Research in Lesbian Mother Child Custody Cases. In: Gottfried, A. E. & Gottfried A. W. (Eds.): Redefining Families: Implications for Childrens' Development, pp. 131-156

Gartrell, Nanette et al. (1996, 1999, 2000): The National Lesbian Family Study I, II, III. In: American Journal of Orthopsychiatry, 66(2), 69(3), 70(4)

Golombok, Susan et al. (1983): Children in Lesbian and Single Parent Households: Psychosexual and Psychiatric Appraisal. In: Journal of Child Psychology and Psychiatry. Vol. 24, pp. 551-572

Golombok, Susan & Tasker, Fiona (1996): Do Parents Influence the Sexual Orientation of their Children? Findings from a Longitudinal Study of Lesbian Families. In: Development Psychology. Vol. 32, pp. 3-11

Gonsiorek, John C. (1991): The Empirical Basis for the Demise of the Illness Model of Homosexualitiy. In: Gonsiorek, J.C. & Weinrich J.D. (Eds.): Homosexuality: Research Implications for Public Policy.

Gottman, Julie Schwartz (1990): Children of Gay and Lesbian Parents. In: Bozett, F.W. & Sussman, M.B. (Eds.): Homosexuality and Family Relations, pp. 177-196

Green, Richard et al. (1986): Lesbian Mothers and Their Children. A Comparison with Solo Parent Heterosexual Mothers and Their Children. In: Archives of Sexual Behavior. Vol. 15, pp. 167-184

Hargaden, Helena & Llewellin, Sara (1996): Lesbian and Gay Parenting Issues. In: Davies, D. & Neal, C.: Pink Therapy, pp. 116-131

Harris Mary & Turner, Pauline (1985/86): Gay and Lesbian Parents. In: Journal of Homosexuality. Vol. 12, pp. 101-113

Kirkpatrick, Martha (1987): Clinical Implications of Lesbian Mother Studies. In: Journal of Orthopsychiatry. Vol. 51, pp. 545-551

Pagelow, M.D. (1980): Heterosexual and lesbian single mothers: A comparison of problems, coping, and solutions. In: Journal of Homosexuality, Vol. 5, pp. 198-204

Patterson, Charlotte (1992): Children of Lesbian and Gay Parents. In: Child Development, Vol. 63, pp. 1025-1042

Patterson, Charlotte (1995): Families of the Lesbian Baby Boom: Parents' Division of Labor and Childrens' Adjustment. In: Development Psychology. Vol. 31, pp. 115-123.

Patterson, Charlotte (1996): Lesbian and Gay Parents and their Children. In: Savin-Williams, R. & Cohen, K.: The Lives of Lesbians, Gays, and Bisexuals, pp.274-305

Stacey, Judith & Biblarz, Timothy (2001): (How) Does the Sexual Orientation of Parents Matter? In: American Sociological Review, Vol. 66, pp. 159-183

Literaturtipps zum Weiterlesen

BÜCHER FÜR KINDER UND JUGENDLICHE

Bauer, Marion Dane (Hg.) (2000): Am I Blue – 14 Stories von der anderen Liebe. Ravensburger Buchverlag. Ravensburg. (Kurzgeschichten, die sich alle mit homosexuellen Themen beschäftigen.)
Harris, Robie H. & Emberly, Michael (2002): Total normal – Was du schon immer über Sex wissen wolltest. Alibaba. Frankfurt/Main. (Aufklärungsbuch ab 9 Jahre)
Hoffman, Eric (1999): Best Best Colors/Los Mejores Colores. Redleaf Press. St. Paul. (Ab 3 Jahre, englisch/spanisch)
Link, Michael (2002): Komm, ich zeig dir meine Eltern. Edition Riesenrad. Hamburg. (Die Geschichte des kleinen Daniel aus St. Petersburg, der von seinen beiden Vätern adoptiert worden ist. Bilderbuch ab 3 Jahre.)
Newman, Lesléa (2000): Heather Has Two Mommies. Alyson Publications. Los Angeles. (Dieser Klassiker wurde 2000, zehn Jahre nach seinem ersten Erscheinen, wieder aufgelegt. Bilderbuch über ein kleines Mädchen mit zwei Müttern.)
Pah, Sylvia & Schat, Joke (1994): Zusammengehören. Donna Vita. Ruhnmark. (Bilderbuch ab 3 Jahre über die Trennung der Eltern und Mamas neue Liebe Sophia.)
Seyda, Barbara & Herrera, Diana (1998): Women in Love. Portraits of Lesbian Mothers & Their Families. Bulfinch Press. Boston. (Opulenter Bildband, in dem über 35 lesbische Familien vorgestellt werden.)
Skutch, Robert (1995): Who's in a Family? Tricycle Press. Berkeley. (Bilderbuch ab 3 Jahre)
Snow, Judith (2004): How It Feels to Have a Gay or Lesbian Parent. A Book by Kids for Kids of All Ages. Harrington Park Press. New

York. (Töchter und Söhne im Alter zwischen sieben und 31 Jahren erzählen.)
Willhoite, Michael (1994): Papas Freund. Magnusbuch. Berlin. (Bilderbuch für 2- bis 6-Jährige. Ein Achtjähriger erzählt von der Trennung seiner Eltern und dem schwulen Alltag seines Vaters.)

Für Erwachsene

de la Camp, Cordula (2001): Zwei Pflegemütter für Bianca. Interviews mit lesbischen und schwulen Pflegeeltern. LIT Verlag. Hamburg.
Fthenakis, Wassilios (2000): Gleichgeschlechtliche Lebensgemeinschaften und kindliche Entwicklung. In: Basedow, J., Hopt, K.J., Kötz, H. und Dopffel, P. (Hg.): Die Rechtsstellung gleichgeschlechtlicher Lebensgemeinschaften. S. 351-389. JCB. Mohr. Tübingen.
Garner, Abigail (2004): Families Like Mine: Children of Gay Parents Tell It Like It Is. HarperCollins Publishers. New York. (Mehr als 50 erwachsene Töchter und Söhne kommen differenziert zu Wort. Es gibt auch eine sehr empfehlenswerte Homepage von A. Garner – siehe Internetadressen.)
Hauschild, Myra & Rosier, Pat (1999): Get Used to It. Children of Gay and Lesbian Parents. Canterbury University Press. Christchurch. (Porträts von zehn erwachsenen Töchtern und Söhnen aus neuseeländischen Regenbogenfamilien.)
Johnson, Susanne & O'Connor, Elizabeth (2001): For Lesbian Parents. Your Guide to Helping Your Family Grow Up Happy, Healthy and Proud. The Guilford Press. New York. (Rundum-Ratgeber für alle lesbischen Eltern.)
Lev, Arlene Istar (2004): The Complete Lesbian & Gay Parenting Guide. Berkley Books. New York. (Rundum-Ratgeber für Regenbogenfamilien aller Art.)
Rafkin, Louise (1990): Different Mothers. Sons and Daughters of Lesbians Talk about Their Lives. Cleis Press. Pittsburgh/New York. (Klassiker, immer noch aktuell.)
Rauchfleisch, Udo (1997): Alternative Familienformen. Eineltern, gleichgeschlechtliche Paare, Hausmänner. Vandenhoeck & Ruprecht. Göttingen. (Wissenschaftlicher, gut lesbarer Band zur Vielfalt von Familienformen.)

Rauchfleisch, Udo (2001): Schwule. Lesben. Bisexuelle. Lebensweisen, Vorurteile, Einsichten. Vandenhoeck & Ruprecht. Göttingen. (Wissenschaftlich und gut lesbar.)

Saffron, Lisa (1996): What about the Children: Sons and Daughters of Lesbian and Gay Parents Talk about Their Lives. Cassell. London. (Töchter und Söhne zwischen 11 und 64 (!) sprechen über ihr Leben.)

Saffron, Lisa (2001): It's a Family Affair. The Complete Lesbian Parenting Book. Diva Books. London. (Lesbische Familienplanung von A-Z.)

Senatsverwaltung für Schule, Jugend und Sport (2001): Regenbogenfamilien. Wenn Eltern lesbisch, schwul, bi- oder transsexuell sind. Berlin. (Broschüre rund ums Thema, mit Statements, Interviews, rechtlichen Informationen etc., kostenlos zu beziehen über e-mail: gleichgeschlechtliche@sensjs.verwalt-berlin.de)

Sozialverein des Lesben- und Schwulenverbandes in Deutschland (LSVD) (2002): Familienbuch. Berlin. (Interviews mit Fotos, Statements, rechtliche Informationen sowie Tipps zur Familienplanung. Kostenlos zu beziehen über e-mail: lsvd@lsvd.de)

Streib, Uli (Hg.) (1991): Von nun an nannten sie sich Mütter. Lesben und Kinder. Orlanda Frauenverlag. Berlin. (Der Klassiker schlechthin – das erste deutschsprachige Buch zum Thema.)

Streib, Uli (Hg.) (1996): Das lesbisch-schwule Babybuch. Ein Rechtsratgeber zu Kinderwunsch und Elternschaft. Querverlag. Berlin. (Immer noch aktuell, obwohl sich mittlerweile die rechtliche Situation in einigen Punkten verändert hat.)

Streib, Uli & Gerlach, Stephanie (1998): Zur Situation von Kindern, die mit lesbischen Müttern oder schwulen Vätern aufwachsen. In: Hartmann, Jutta, Holzkamp, Christine u.a. (Hg.): Lebensformen und Sexualität. Kleine Verlag. Bielefeld. (Beitrag zur Dokumentation des 2. Pädagogischen Kongresses „Lebensformen und Sexualität", der 1997 in Berlin stattfand.)

Toevs, Kim & Brill, Stephanie (2002): The Essential Guide to Lesbian Conception, Pregnancy and Birth. Alyson Publications. Los Angeles. (Lesbische Familienplanung von A–Z.)

Internetadressen

www.lsvd.de: Die Internetseite des Lesben- und Schwulenverbands Deutschlands. Umfassend und aktuell, mit vielen Links.

www.family.lsvd.de: Internetseite des Projekts Regenbogenfamilien im LSVD.

www.ilse.de: Die „Initiative lesbisch-schwuler Eltern" hat sich unter dem Dach des LSVD organisiert und hat Regionalgruppen in ganz Deutschland, die regelmäßige Treffen und Unternehmungen anbieten.

www.kids.lsvd.de: Das Internetangebot mit Chatmöglichkeit für Kinder aus Regenbogenfamilien.

www.pfliz.de: Internetseite für Pflege- und Adoptivfamilien.

www.colage.org: „Children of Lesbians and Gays Everywhere (CO-LAGE)" ist ein US-amerikanischer Zusammenschluss von Kindern und Jugendlichen mit lesbischen, schwulen, bisexuellen und transgender Eltern. Regionalgruppen in ganz USA. Umfassende Homepage mit Beiträgen, Informationen und Links aller Art.

www.FamiliesLikeMine.com: Website von Abigail Garner (s. Literaturtipps). Die Journalistin, selbst Tochter eines schwulen Vaters, ist seit Jahren Aktivistin für die Belange von Töchtern und Söhnen aus Regenbogenfamilien.

Beratung

Projekt „Regenbogenfamilien" im LSVD: Dr. Elke Jansen, Beratungshotline: Mi 17-19 Uhr: 0221-925 961 26. Beratung zu Familienplanung und Familienalltag für Lesben, Schwule, ihre Kinder und interessiertes Fachpersonal. E-mail: family@lsvd.de

Feministisches Frauengesundheitszentrum Berlin e.V., Bamberger Str. 51, 10777 Berlin, Tel.: 030-213 95 97
www.ffgz.de; E-mail: ffgzberlin@snafu.de
Beratung zu lesbischer Familienplanung.

Danksagung

Wir danken allen unseren InterviewpartnerInnen ganz herzlich für die ausführlichen Gespräche und das Vertrauen, die Bereitschaft und die Offenheit, uns an ihrem Leben teilhaben zu lassen.

Außerdem gilt unser Dank allen, die unser Projekt auf vielfältige Weise unterstützt und begleitet haben:

Dr. Elke Jansen für ihre wertvollen Hinweise, Ulrike Bagger, Jana Mehner und Carola Hillman für die Vermittlung von Kontakten,

Ute Hehemann, Hanna Streib und den Mitarbeiterinnen des FTZ Büroservice, einem gemeinnützigen Integrationsbetrieb des Frauentherapiezentrums München, für die umfangreichen Transkriptionsarbeiten

und Jim Baker vom Querverlag für die unkomplizierte und konstruktive Zusammenarbeit.

Für Anregungen, Tipps und ihren kritischen Blick dankt Uli Streib-Brzič ganz besonders Christiane Quadflieg, Dr. Antje Hornscheidt und ihrer Frau Nives Brzič. Ebenso für ihre beharrlichen Ermutigungen.

Stephanie Gerlach dankt Barbara Stenzel für Sachverstand, Beratung und liebevolle Begleitung zu jeder Tages- und Nachtzeit.

Uli Streib-Brzič, Berlin   Stephanie Gerlach, München
Juni 2005

Über Rückmeldungen und Kommentare freuen wir uns!
Die Autorinnen sind erreichbar unter:
info@undwassagendiekinderdazu.de

Die Website zum Buch:
www.undwassagendiekinderdazu.de
Informationen, Hinweise, Aktuelles, zahlreiche Links und Gästebuch.

Textporträts von Stephanie Gerlach: Ahmed, Anna und Matthias, Christian und Nadine, David, Esther, Jasmin, Katrin, Lena, Manuel, Melanie, Nell und Mia, Robin, Stephanie, Tom

Textporträts von Uli Streib-Brzič: Antonia und Felix, Ariane und Jane, Ajin, Carolin und Paul, Georg, Jannis, Jaschka, Karen und Lars, Katharina, Maja, Marie, Matěj, Moritz, Noemi, Till